ENSINANDO MUSCULAÇÃO
Exercícios Resistidos

5ª edição
revista e ampliada

Dados Internacionais de Catalogação na Publicação (CIP)
(Câmara Brasileira do Livro, SP, Brasil)

Bossi, Luís Cláudio Paolinetti
Ensinando musculação : exercícios resistidos /
Luís Bossi. – 5. ed. – São Paulo : Ícone, 2015.

Bibliografia.
ISBN 978-85-274-0963-6

1. Aptidão física 2. Exercícios resistidos
3. Ginástica 4. Modelagem física 5. Musculação
I. Título

00-4077   CDD-613.71

Índices para catálogo sistemático:

1. Musculação : Educação física   613.71

Luís Cláudio Bossi

ENSINANDO MUSCULAÇÃO
Exercícios Resistidos

5ª edição
revista e ampliada

Brasil – 2015

© Copyright 2015.
Ícone Editora Ltda

Fotos
Maria Clara Giannelli Feitosa
Josiane Menezes Giannelli

Modelos
Luíza, Augusto, Renor e Eloísa

Revisão
Rosa Maria Cury Cardoso
Celso Mário Mubarack

Capa e Diagramação
Andréa Magalhães da Silva

Proibida a reprodução total ou parcial desta obra,
de qualquer forma ou meio eletrônico, mecânico,
inclusive através de processos xerográficos,
sem permissão expressa do editor
(Lei n° 9.610/98).

Todos os direitos reservados pela
ÍCONE EDITORA LTDA.
Rua Javaés, 589 – Bom retiro
CEP 01130-010 – São Paulo – SP
Tel./Fax.: (11) 3392-7771
www.iconeeditora.com.br
iconevendas@iconeeditora.com.br

Agradecimentos

- Leiri, Edson (in memorian), Raquel, Gica, Guilherme, pela confiança que depositaram no meu trabalho.
- Aos alunos da UniFAE, das Pós graduações da Estácio, Ceafi,ENAF, FMU, cursos, palestra e eventos que com a curiosidade academia, , força, carinho, amizade e confiança me fizeram escrever esta obra.
- Ao pessoal da Icone Luiz, Suely, Socorro, Machado entre outros carinho e pela dedicação.
- À Maria Clara e Josiane pelas fotos.
- Aos modelos Augusto, Luíza, Renor e Eloísa.
- À Guili e Brenda pelo carinho.
- E ao Prof. Ms. Sérgio Guida por ter me "adotado" como aluno.

Dedicatória

Para Para Luiza , Cauê, Lana que hoje são o porque da
minha existência.

Meu pai Dráuzio Martins Bossi (in memorian),
minha mãe Leda Maria Paolinetti Bossi,
a quem devo tudo o que sou, e pelos seus
exemplos de trabalho e de amor.

À Luíza, pelo constante carinho,
incentivo e apoio.

Aos meus irmãos David, Rosana e Emanuel,
Samuel e minhas sobrinhas Guili e Brenda
pelo companheirismo e paciência.

Sobre o Autor

- Professor de Biomêcanica do Exercício e Medidas e Avaliação na Feuc, professor de Musculação e Medidas e Avaliação na UNIFAE.
- Formado em Educação Física (1992), pela Escola Superior de Educação Física, Muzambinho (MG).
- Especialização em Condicionamento Físico em Academia na Escola Superior de Educação Física, Muzambinho (MG), em 1994.
- Especialização em Musculação na FMU-SP, em 1996.
- Especialização em Treinamento Desportivo na FMU-SP, em 1998.
- Curso de Aperfeiçoamento em Treinamento Desportivo no Instituto Manuel Fajardo de Havana, Cuba, 2000.
- Mestre em Metodologia do Treinamento Desportivo no ISCF Manuel Fajardo, Havana, Cuba, reconhecido pela UNB (2005).
- Ministra Cursos de Musculação e Personal Training no Brasil e no exterior.

Sumário

Prefácio 13
Capítulo 1
Elaboração do treino 15
Capítulo 2
Parte Fisiológica
Constituição muscular 19
Unidade motora 21
Mecanismo geral da contração muscular 21
Fibras musculares 22
Volume muscular 23
Hiperplasia 24
Testosterona 25
Aminoácidos 25
Princípios da atividade física 29
Capítulo 3
Organização
Como organizar as aulas 31
Métodos 37
Número de séries por treino 43
Número de exercícios 44
Repetições 45
Testes de carga 46
Teste submáximo 47
Tensão muscular 48
Excesso de treinamento 48

11

ENSINANDO MUSCULAÇÃO – Exercícios Resistidos

Capítulo 4
Exercícios 51
Capítulo 5
Musculação Feminina
Musculação e a mulher 95
Seios 96
Tríceps braquial 99
Glúteos 100
Abdome 104
Menstruação 107
Celulite 108
Varizes 109
Capítulo 6
Treinamento
O Treino de musculação 111
1ª Fase – Iniciação 112
2ª Fase – Adaptação 113
3ª Fase – Performance 114
4ª Fase – Treino 116
Referências bibliográficas 125

Prefácio

A leitura atenta e minuciosa de *Ensinando Musculação – Exercícios Resistidos*, do Prof. Luís Cláudio Paolinetti Bossi, obra ora lançada pela Ícone Editora, logo nos revela uma qualidade que a recomenda aos professores e estudantes de Educação Física e afins. Embora o tema tratado esteja atualmente em evidência, face a inúmeras publicações que versam sobre ele, o autor conseguiu, de forma didática e acessível, apresentar uma visão atualizada e bem exemplificada a respeito da matéria a que se propôs. Resultado de cursos de Graduação e Pós-Graduação, a que se somam anos de atividade aplicada, conforme se pode constatar no currículo do autor, esta obra dosa teoria e prática; os conceitos, coerentes com o moderno conhecimento, vêm acompanhados de gráficos e estatísticas, que auxiliam bastante o leitor na compreensão do assunto a que intentou; os tópicos encontram-se organizadamente distribuídos, de forma a permitir uma visão global da área de estudo a que se dirige. A clareza com a qual as informações estão expostas, aliada à segurança e à profundidade científica, nos levam a concluir pela merecida aceitação que este trabalho terá por parte dos que o consultarem.

Dizem os pensadores que cada livro tem o seu destino e *Ensinando Musculação – Exercícios Resistidos* certamente ocupará lugar de destaque na estante do especialista em Educação Física.

Por fim, resta-nos a gratidão pela escolha para prefaciar a obra do ex-aluno Luís Cláudio, hoje colega, motivo de orgulho para a profissão.

Sérgio Guida
Mestre em Educação Física
e Fisioterapeuta

Capítulo 1
Elaboração do treino

Antes de iniciar a montagem do treino temos que estudar muito nosso cliente, saber quais são seus ideais, a credibilidade dada por ele na atividade física e em você, saber de experiências passadas na área, o porquê, as indicações, as expectativas do trabalho e suas disponibilidades. Tudo isto deve ser feito através de um bate-papo informal, tomando muito cuidado para que não vire um interrogatório. Desta maneira você conseguirá obter as respostas esperadas e conquistar a simpatia do seu cliente. Após o "bate-papo", deverá ser dado ao mesmo uma anamnese detalhada com dados importantes como: nome, altura, idade, sexo, antecedentes desportivos, estado de saúde, riscos coronarianos etc. Deve-se tomar muito cuidado para não tornar este primeiro momento muito invasivo, o tempo lhe dará as informações necessárias.

Depois desta, você já vai ter uma idéia de identificação do seu aluno. Classifique-o:

- **Social:** Para arrumar uma turma, namorado ou conhecer gente nova.
- **Estético:** Aquele que não agüenta mais a barriguinha.
- **Status:** É chique malhar com...
- **Lazer:** Malha para esquecer do tempo, ou porque acha importante a prática esportiva.
- **Moda:** Sempre que aparece uma atriz sarada na TV fazendo uma aula, ou assistiu ao filme novo do Stalonne.

ENSINANDO MUSCULAÇÃO – Exercícios Resistidos

- **Recuperações de lesões:** Aquele que torceu o joelho no jogo.
- **Preventiva:** Aquele que está ficando velho e sabe que precisa de exercício.
- **Cardíaco:** O que tem problema de coração, e o médico mandou.
- **Preparação Desportiva:** O atleta que precisa fortalecer uma parte específica do corpo.
- **Sedentário:** Que não agüenta mais ficar parado e vai malhar para não "morrer".
- **Estressado:** O que fica o dia inteiro sob pressão e precisa extravasar um pouco.
- **Todos em um só:** Um cara sozinho, que não gosta da barriga dele, que acha chique malhar no clube, que quer passar o tempo, mas quer ficar forte como o Van Damme. Toda esta idéia veio porque ele torceu o tornozelo, já passou dos 40, na família há um avô com problemas de coração, já participou de jogos universitários, faz dez anos que não faz nada e trabalha na bolsa de valores.

Depois desse estudo, você deve dar o próximo passo, que é o estudo corporal do cliente, ver como é sua composição corporal, ver as suas insatisfações e mostrar as estratégias que serão utilizadas para atingir os ideais propostos. Este deverá ser realizado através de uma avaliação funcional que possua circunferências, diâmetros, dobras cutâneas, avaliação postural, testes de resistência e testes ergométricos. É através deste estudo que obteremos informações e dados como: peso de gordura, peso muscular, peso ósseo, problemas posturais, problemas estéticos, resistência muscular localizada, etc.

Feitos estes estudos, temos que analisar e mostrar alguns fatores de influência para elaborar o treino; o exer-

16

CAPÍTULO 1 – Elaboração do Treino

cício por si só não nos traz grandes resultados de condicionamento físico ou melhora da estética corporal. Fatores como dieta, as horas de sono e descanso, o ritmo de vida etc., são de fundamental importância.

Horário de treinamento - Podemos treinar em qualquer hora do dia ou da noite, mas precisamos ter regularidade nos horários e nos dias de treinamento. O ideal é vermos em que hora do dia se tem mais energia. Temos que saber o tempo disponível para a montagem do treino (meia hora, uma hora, duas horas) e quantas vezes por semana (duas, três, quatro, cinco etc.).

Roupas para treinamentos - As mais leves e confortáveis possíveis, e que o aluno não fique constrangido em usar.

Material - Aparelhagem disponível para o treinamento dará possibilidade para o profissional atingir a estratégia utilizada (fortalecer a parte posterior da coxa com um "Pec Deck").

Número de exercícios por sessão (aula) - Este número de exercícios está ligado diretamente ao número de séries, repetições, objetivos e tempo de intervalo.

Ordem anatômica - É a ordem em que os exercícios se apresentam no programa. Apesar de não haver uma ordem certa, não é aconselhável trabalhar inicialmente um músculo que em seguida trabalhará como sinergista de outro grupamento. Seguindo esta idéia, trabalharemos peito, costas, ombro, bíceps, tríceps e antebraço, mas se existir o interesse de um ganho maior de uma dessas partes, fora dessa ordem, deverá ser dada prioridade a essa parte especial primeiramente. Os membros inferiores podem ser trabalhados antes ou depois dos superiores dependendo do objetivo, assim como o trabalho dos músculos abdominais.

17

Capítulo 2
Parte Fisiológica

Constituição muscular

Após os estudos do seu cliente é necessário um estudo fisiológico da musculatura esquelética e as principais fontes de energia dele.

A fibra muscular possui três propriedades altamente especializadas: a contratibilidade, a condutibilidade e a tonicidade. Há três tipos principais de tecido muscular:

1 - Tecido muscular liso (10 % do corpo);

2 - Tecido muscular esquelético (40% do corpo);

3 - Tecido muscular cardíaco.

Cerca de 40% do corpo é composto por músculos esqueléticos, o *músculo* é composto por um conjunto de *feixes musculares* formados por várias *fibras*. Cada um desses conjuntos é envolto por uma camada chamada *endomísio*. Imediatamente por dentro e presa ao endomísio, existe a membrana da célula muscular, ou *sarcolema*, o interior da célula muscular é formado por um *protoplasma* especializado denominado de *sarcoplasma*. As células (fibras) musculares estão agrupadas e formam feixes musculares ou *fascículos*. Esses feixes, que contêm números variáveis de fibras musculares, são mantidos juntos por sua vez, por um tecido conjuntivo chamado de *perimísio*. Envolvendo todo o músculo (ou todos os feixes musculares), existe ainda outro componente de tecido conjuntivo, o *epimísio*, o arcabouço intramuscular de te-

19

ENSINANDO MUSCULAÇÃO – Exercícios Resistidos

cido conjuntivo coalesce e se torna contínuo com o denso tecido conjuntivo dos **tendões** em cada extremidade do músculo. Esses **tendões** estão rigidamente cimentados (unidos) ao invólucro mais externo do osso, o **periósteo**, e conectam, portanto, os músculos esqueléticos ao esqueleto ósseo.

Cada fibra muscular contém muitas centenas a vários milhares de miofibrilas, cada miofibrila por sua vez, contém, lado a lado, cerca de 1500 filamentos de miosina, e 3000 filamentos de actina.

Os filamentos de actina e miosina se interdigitam em partes, o que faz com que as miofibrilas apresentem faixas alternadas escuras e claras. As faixas claras só contêm filamentos de actina e são chamadas de faixa I, por serem isotrópicas à luz polarizada. As faixas escuras contêm os filamentos de miosina além das extremidades dos filamentos de actina e são chamadas de faixa A, por serem anisotrópicas à luz polarizada.

As extremidades dos filamentos de actina estão presos ao chamado disco Z. A partir desse disco, os filamentos se estendem nas duas direções, para se interdigitar com os filamentos de miosina. O disco Z é formado por proteínas diferentes das actinas e miosina.

A menor subunidade funcional do músculo esquelético capaz de contração é o sarcômero que se estende de um disco Z a outro disco Z.

As miofibrilas ficam suspensas em uma matriz chamada de sarcoplasma. O líquido do sarcoplasma contém grande quantidade de potássio, magnésio, fosfato e de enzimas protéicas e um número imenso de mitocôndrias para contração de quantidade elevada de trifosfato de adenosina (ATP) formados nas mitocôndrias.

CAPÍTULO 2 – Parte Fisiológica

Unidade motora

Cada motoneurônio que emerge da medula espinhal enerva numerosas fibras musculares. Todas as fibras musculares inervadas por uma só fibra nervosa motora formam a chamada *unidade motora*, músculos pequenos que reagem rápido e precisamente, têm unidades motoras com poucas fibras musculares, músculos grandes, que não precisam de controle muito exato, podem ter unidades motoras com várias centenas de fibras musculares, uma média para todo o corpo é de 100 fibras musculares para cada unidade motora.

As fibras musculares de uma unidade motora não ficam todas agrupadas em uma parte do músculo, mas, pelo contrário, ficam dispersas por todo o músculo, em microfeixes de 3 a 15 fibras, estes microfeixes ocorrem intercalados com outros microfeixes de diversas unidades motoras. Essa interdigitação permite que as unidades motoras distintas se contraiam em apoio umas às outras, e não de forma total como se fossem segmentos isolados. A excitabilidade do maior número das unidades motoras é de fundamental importância para a hipertrofia e força muscular.

Mecanismo geral da contração muscular

Uma contração muscular ocorre da seguinte maneira:
1 - Um potencial de ação percorre um axônio motor até suas terminações nas fibras musculares.
2 - Em cada terminação, há secreção de pequena quantidade da substância neurotransmissora, chamada *acetilcolina*.

21

3 - A acetilcolina atua sobre área localizada da membrana da fibra muscular, abrindo numerosos canais protéicos acetilcolina-dependentes.

4 - A abertura destes canais acetilcolina-dependentes permite o influxo de grande quantidade de íons sódio para o interior da membrana da fibra muscular, no ponto da terminação nervosa. Isso produz um potencial de ação na fibra muscular.

5 - O potencial de ação se propaga ao longo da membrana da fibra muscular do mesmo modo como se faz nas membranas neurais.

6 - O potencial de ação despolariza a membrana da fibra muscular e também penetra profundamente no interior dessa fibra. Aí, faz com que o retículo sarcoplasmático libere para as miofibrilas, grandes quantidades de íons cálcio, que ficam armazenadas em seu interior.

7 - Os íons cálcio geram forças atrativas entre os filamentos de actina e miosina, fazendo com que deslizem um em direção ao outro, o que constitui o processo contrátil.

8 - Após uma fração de segundo, os íons cálcio são bombeados de volta para o retículo sarcoplasmático, onde permanecem armazenados até que ocorra novo potencial de ação muscular; termina a contração muscular.

Fibras musculares

No ser humano todos os músculos possuem percentagens variáveis de fibras musculares de contração rápida e lenta.

- Lentas, vermelhas tipo I (I e I c).
- Rápidas brancas tipo II (II a, II x, II c).

CAPÍTULO 2 – Parte Fisiológica

- Fibras I a – são fibras de endurance; praticamente não hipertrofiam.
- Fibras I c – são fibras de endurance, que se hipertrofiam em menor volume.
- Fibras II c – são adaptadas, caracterizando pelo estímulo dado.
- Fibras II a – são fibras de alto limiar de excitação, sistema energético glicolítico e oxidativas.
- Fibras II x – são fibras de alto limiar de excitação, sistema energético ATP CP glicólise anaeróbia.

Volume muscular

O aumento de tamanho de fibras dos músculos induzido pelo treinamento físico é explicado pela hipertrofia das fibras musculares. Esta pode ser devido ao aumento de volume do sarcoplasma das fibras, aumento do número e tamanho das miofibrilas, aumento da rede protéica estrutural e da proliferação das águas intracelulares, e a hiperplasia que é o fenômeno de multiplicação de células musculares, com vários estudos na Alemanha e em Cuba.

Os dois tipos de fibras musculares esqueléticas apresentam a hipertrofia como resultado do treinamento, as fibras brancas apresentam maior grau de hipertrofia do que as vermelhas. É possível realizar um treinamento para adquirir a hipertrofia apenas das fibras brancas (muita carga e poucas repetições), mas não se tem conhecimento de que seja possível desenvolver apenas as vermelhas. Especula-se muito a possibilidade de interconversão entre esses tipos, mas existem trabalhos mostrando apenas a mudança de subtipos (II x e II a). Assim sendo, a maior parte das fibras brancas dos atletas são do tipo II a, com grande

23

capacidade glicolítica, mas também oxidativa. As maiores fibras brancas costumam conservar-se como II x, mesmo em atletas, porque são recrutadas apenas nos esforços máximos e, neste caso, a fadiga precoce não permite o tempo de atividade necessário para as adaptações oxidativas.

As fibras musculares são recrutadas pelo seus calibres, da mais fina para a mais grossa, recrutando as mais grossas apenas em esforços máximos.

Hiperplasia

A hiperplasia é um dos fatores muito discutidos hoje em dia e permanece controversa. Muitos dos estudos realizados sobre hiperplasia utilizam os fisiculturistas como exemplo, porém nestes devem ser reconhecidos o maior número de fibras, que podem ser herdados geneticamente ou adquiridos pelo treinamento. Em um dos estudos foi utilizado o bíceps braquial que é um músculo ideal para pesquisar hiperplasia pois os fisiculturistas tentam a hipertrofia máxima.

O número de fibras encontradas foi de 172.000 a 419.000. Depois de seis meses de treinamento o número médio de fibras não variou mostrando que esse tipo de treinamento não produz aumento significativo de fibras musculares.

Existem estudos que mostram possíveis aumentos no número de fibras musculares em animais induzidos pelo treinamento de força, através das células satélites, elas funcionam como reparadoras e na substituição das fibras lesionadas no tratamento. No entanto, há poucas evidências que o treinamento de força eleve o número de fibras musculares.

CAPÍTULO 2 – Parte Fisiológica

Testosterona

A testosterona sofre diversas etapas a partir de um dos produtos, degradação dos lipídios (colesterol), assim como fosfolipídios, monoglicerídios e ácidos graxos. É resultante do metabolismo de lipídios, o qual ocorre em quase todas as células do nosso organismo, este é sintetizado nos testículos, ovários e córtex supra-renal.

No sangue, cerca de 98% da testosterona estão ligadas à globulina ligadora de hormônio sexual, albumina e outras proteínas, cerca de 2% são livres e essa concentração correlaciona-se com a magnitude dos efeitos androgênicos.

No homem adulto, as concentrações plasmáticas de testosterona é de 2,5 a 11mg por dia, na mulher a produção é de 0,1mg por dia. Daí vem a menor hipertrofia muscular nas mulheres.

Aminoácidos

As proteínas do nosso corpo são provenientes dos alimentos, que se constituem de unidades elementares denominadas aminoácidos, que têm a particularidade de conter nitrogênio. Existem mais de 20 aminoácidos que, com suas combinações, formam milhares de proteínas.

Os seres superiores não podem formá-los, estes devem ser retirados dos alimentos.

Para a musculação, temos de dar um destaque aos aminoácidos como:

- **B.C.A.A.** (L-leucina, L-isoleucina, L-valina) – Maximizam o crescimento muscular e colaboram para que o atleta atinja uma performance de pico.

- **Albumina** (L-triptofano) – Sem ela, o corpo humano não teria como manter saudáveis os músculos, os cabelos, o fígado, os rins, o pâncreas e o coração, além de estar ligada pela testosterona.
- **L-Carnitina** (Agente lipetrópica) – Função principal é carrear as moléculas de gordura para dentro da mitocôndria para ocorrer oxidação e produção de energia (existem trabalhos que mostram a quebra da mesma antes de chegar à célula).

Aminoácidos

Aminoácidos são unidades fundamentais das proteínas, que são liberados por hidrólise.

- Esforço Muscular - acelera o movimento de aminoácidos para dentro dos músculos. Quanto mais rápido é esse deslocamento, maior a síntese de miosina de cadeia pesada.
- Dieta - nela precisam estar presentes todos os 22 aminoácidos e não apenas os dez considerados essenciais (aqueles que o corpo não produz).
- Hora - para que o aminoácido atue diretamente na construção muscular e assim contribua para o aumento da massa, ideal é ser ingerido uma hora e meia após o término da atividade física. Este é um dos momentos em que o organismo dá início à síntese protéica.
- Excelente complemento para os aminoácidos – a vitamina B6 pode ser encontrada naturalmente no germe de trigo, na levedura de cerveja e também no leite.
- Perigo dos aminoácidos – eles são metabolizados no fígado e depois filtrados pelos rins. Tomados em excesso, podem causar problemas hepáticos e renais.

CAPÍTULO 2 – Parte Fisiológica

Aminoácidos e suas características

- **L - Tirosina** - Anti-stress, depressões e dores crônicas de lesões.
- **G.A.B.A (Ácido gama aminobutírico)** protege a ponte decisão - pensamento do cérebro, atua na parte emocional do atleta, agente calmante.
- **L-Alamina** - Envolvido no ciclo de energia e regulador de açúcar sangüíneo indicado para quem sofre de hipoglicemia.
- **L-Asparagina** - Atua na atividade metabólica do sistema nervoso.
- **Ácido l-aspágico** - Atua na conversão de carboidrato em energia.
- **L-Cisteína** - Função desintoxicante, estimula o crescimento capilar.
- **L-Citrulina** - Desintoxica o metabolismo da amônia (acarreta problemas na coordenação e raciocínio).
- **L-Cistina** - Atua na antioxidação de tecidos, torna os tendões mais fortes.
- **L-Glutamina** - É o combustível em atividades físicas de longa duração, protetor da memória.
- **L-Glicina** - Sua função reside na produção de aminoácidos não-essenciais, possui efeito calmante.
- **L-Histidina** - Vital para o crescimento de tecidos, usado em tratamento de anemia.
- **L-Lisina** - O baixo nível deste amino no corpo diminui a síntese de proteína, também usado no tratamento de herpes.
- **L-Prolina** - Auxilia na formação de tecido tendinoso e produção de energia.
- **L-Metionina** - Ajuda a remover substâncias tóxicas do fígado.

ENSINANDO MUSCULAÇÃO – Exercícios Resistidos

- **L-Fenilalamina** - Melhora a memória, fundamental na formação de colágeno.
- **L-Serina** - Ajuda na formação de acetilcolina.
- **L-Treonina** - Um dos aminoácidos desintoxicantes.
- **Ácido Glutâmico** - Relacionado à recuperação muscular, e ao metabolismo da endorfina.
- **L-triptófano** - Sem ele o corpo humano não teria como manter saudáveis cabelos, músculos etc., tipo essencial, o organismo não produz.
- **B.C.A.A. (L-leucina, L-isoleucina, L-valina)** - São os mais importantes no esporte. Maximizam o crescimento muscular e colaboram para que o atleta atinja uma performance de pico, ocupa o lugar do triptófano no cérebro, diminuindo o esgotamento.
- **Arginina, Ornitina, Lisina** - Estimulam o organismo para produzir hormônio de crescimento.
- **Fontes naturais -**
  - Peixes - Salmão, truta, caranguejo.
  - Aves - Faisão, codorna, ganso, peito de frango, peito de peru, coxa de frango.
  - Carnes vermelhas - Fígado de boi, costela de porco, lombo canadense, pernil, presunto.
  - Laticínios - Leite sem gordura, integral, queijo cottage, ricota, parmesão.
  - Cereais - Germe de trigo, granola, aveia.

Já estudamos as características do nosso aluno; vimos rapidamente o funcionamento muscular, testosterona e a importância dos aminoácidos para o músculo; vamos estudar como montar o treino para deixar os músculos mais fortes.

CAPÍTULO 2 – Parte Fisiológica

Princípios da atividade física

A aplicação destes princípios vai depender do conhecimento e do domínio que o profissional tem de cada um destes, o que facilitará a seleção dos conteúdos, meios, métodos e formas organizadas da atividade física.

Princípio da conscientização

A pessoa, quando realiza conscientemente, obtém mais benefícios, na medida em que o executante procura "canalizar" esforços para o seu real objetivo.

Princípio da saúde

O indivíduo pode realizar a atividade física por "N" motivos, porém o principal objetivo deve ser sempre a melhoria da saúde como um todo. "Saúde é o estado ideal de completo bem-estar físico, psicológico e social."

Princípio das diferenças individuais

Cada um nasce com uma genética, e a esta genética é acrescentada a experiência após o nascimento (fenótipo). A soma dos dois determinará a real potencialidade de cada um.

Princípio da elevação progressiva da carga

A melhoria do rendimento do indivíduo relaciona-se com o aumento progressivo da carga, principalmente nos

29

iniciantes. A reação ao estímulo é muito rápida. Na medida que o praticante melhora sua *performance*, esta reação ao estímulo (carga) torna-se mais lenta. A aplicação de um novo estímulo deve respeitar parâmetros fisiológicos de recuperação (anabolismo) e, por último, o período supercompensação, que seria malhar (catabolisar), depois descansar (anabolisar), treinar melhor.

Supercompensação

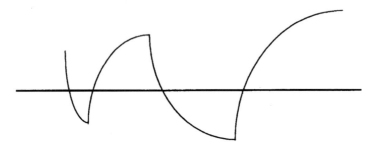

Capítulo 3
Organização

Como organizar as aulas

As sessões de exercícios devem ter de 45 min. até 75min., mais do que isto o cliente não terá um rendimento tão convincente, ou o treino terá muitos exercícios realizados com pouco peso, ou muitos intervalos entre uma série e outra, o que prejudicará o estímulo muscular. Bom! Mas o que são séries, sessões, repetições, carga?

• **Carga** - É a resistência (peso) utilizada para a execução de exercícios.
• **Repetição** - É um movimento completo na execução do exercício.
• **Série** - É um conjunto de repetições.
• **Sessões** - São um conjunto de séries que formará o treino.

Os profissionais utilizam várias maneiras de montar treinos, pode-se dizer que todas estão certas, mas desde que as sessões sejam bem montadas. Veremos algumas maneiras para se conseguir mais resultados nos exercícios resistidos.

Um dos programas mais utilizados seria o segunda-feira e terça-feira/quinta-feira e sexta-feira.

31

Ensinando Musculação – Exercícios Resistidos

Seg.	Terça	Quar.	Quinta	Sexta	Sáb.	Dom.
Peito	Coxa	OFF	Peito	Coxa	OFF	OFF
Ombro	Costas		Ombro	Costas		
Tríceps	Bíceps		Tríceps	Bíceps		
Perna	Antebraço		Perna	Antebraço		
Abdome	Abdome		Abdome	Abdome		

Neste programa teremos que tomar alguns cuidados cinesiológicos como um excesso de trabalho no deltóide e no tríceps. No caso, quando se trabalha peito, vamos estar trabalhando o deltóide na sua porção clavicular e acromial, os exercícios de ombro devem ficar limitados nas duas porções também. No caso do tríceps quando se trabalha peito e ombro, trabalhamos as três cabeças do tríceps. Na sessão seguinte temos que selecionar os exercícios para trabalharmos apenas a parte espinal do deltóide, e "tentar" não trabalhar apenas a cabeça longa de tríceps nos exercícios de costas, para que haja um anabolismo melhor dos segmentos trabalhados no dia anterior.

Este programa pode ser montado com agonista e antagonista.

Seg.	Terça	Quar.	Quinta	Sexta	Sáb.	Dom.
Peito	Coxa	OFF	Peito	Coxa	OFF	OFF
Costas	Bíceps		Costas	Bíceps		
Ombro	Tríceps		Ombro	Tríceps		
Perna	Antebraço		Perna	Antebraço		
Abdome	Abdome		Abdome	Abdome		

O problema deste tipo de programa também ocorre pelo lado cinesiológico. Seria uma sobrecarga muito grande de tríceps, pois, quando se trabalham peito e costas, já

32

Capítulo 3 – Organização

está sendo trabalhado indiretamente tríceps nas três cabeças. E nas terças e sextas deve-se ter um cuidado com o deltóide, em especial na realização dos exercícios de bíceps e tríceps para não fadigar demais o mesmo.

Programa de 6 dias

Seg.	Terça	Quarta	Quinta	Sexta	Sáb.	Dom.
Peito	Coxa	Costas	Peito	Coxa	Costas	OFF
Ombro	Lombar	Bíceps	Ombro	Lombar	Bíceps	
Tríceps	Perna	Antebr.	Tríceps	Perna	Antebr.	
Antebr.	Abdome	Perna	Antebr.	Abdome	Perna	
Abdome		Abdome	Abdome		Abdome	

Os cuidados com este método são apenas em relação ao treino de quarta para quinta, pois pode haver uma sobrecarga no deltóide, tríceps e antebraço. Deve acontecer uma escolha diferenciada dos exercícios na quinta ou na quarta, a fim de evitar tal stress.
Ou:

Seg.	Terça	Quarta	Quinta	Sexta	Sáb.	Dom.
Peito	Coxa	Costas	Peito	Coxa	Costas	OFF
Ombro	Perna	Bíceps	Ombro	Perna	Bíceps	
Tríceps		Trapézio	Tríceps		Trapézio	

Outras variáveis são:

Seg.	Terça	Quarta	Quinta	Sexta	Sáb.	Dom.
1	2	1	2	1	OFF	OFF
2	1	2	1	2	OFF	OFF
1	2	1	2	1	OFF	OFF

Onde coxa e perna poderiam ser combinados com 1 ou 2.

33

Ou:

Seg.	Terça	Quarta	Quinta	Sexta	Sáb.	Dom.
1	2	3	1	2	OFF	OFF
3	1	2	3	1	OFF	OFF

Estes cinesiologicamente são mais interessantes, só que deve se tomar o cuidado de não trabalhar a parte clavicular do deltóide no trabalho de bíceps.

Ou:

Seg.	Terça	Quarta	Quinta	Sexta	Sáb.	Dom.
2	3	1	3	2	OFF	OFF
1	3	2	3	1	OFF	OFF

Este é um ótimo trabalho para quem quer um trabalho geral dando ênfase em coxa, mas devemos tomar cuidado com os exercícios de costas e os de bíceps, para que não haja um trabalho deficiente de costas prejudicado pelo bíceps e/ou um trabalho muito estressante de bíceps.

1 = Peito, deltóide clavicular, tríceps.
2 = Costas deltóide espinal, lombar.
3 = Coxa, perna, bíceps.

CAPÍTULO 3 – Organização

Tabelas de treinamento

Exemplo de treinamento três vezes por semana com dois grupos musculares por dia, duração de cinco semanas com variação de combinações de treinos musculares

1ª semana		
Peito	Coxa -	Ombro -
Tríceps	Bíceps	Costa
2ª semana		
Costa	Peito-	Coxa -
Bíceps	Ombro -	Tríceps -
3ª semana		
Coxa -	Costa	Bíceps
Ombro -	Peito-	Tríceps -
4ª semana		
Peito-	Ombro -	Costa
Coxa -	Bíceps	Tríceps -
5ª semana		
Coxa -	Peito-	Ombro -
Costa	Bíceps	Tríceps -

35

ENSINANDO MUSCULAÇÃO – Exercícios Resistidos

Exemplo de treinamento de dois grupos musculares por dia para quatro vezes por semana durante sete semanas com variação de combinações de treinos musculares e com igualdade de treinamento

1ª semana			
1 Peito-	1 Coxa -	1 Ombro -	2 Tríceps
1 Tríceps -	1 Bíceps	1 Costa	2 Bíceps
2ª semana			
2 Costa	2 Peito-	2 Coxa -	3 Costa
3 Bíceps	2 Ombro -	3 Tríceps -	3 Peito-
3ª semana			
4 Coxa -	3 Ombro -	4 Peito-	5 Coxa -
4 Costa	4 Tríceps -	4 Bíceps	4 Ombro -
4ª semana			
5 Peito-	5 Tríceps -	5 Costa	6 Peito-
6 Coxa -	5 Bíceps	5 Ombro -	5 Tríceps -
5ª semana			
7 Coxa -	6 Ombro -	7 Peito-	6 Tríceps -
6 Bíceps	6 Costa	7 Bíceps	7 Ombro -
6ª semana			
7 Costa	7 Ombro -	8 Bíceps	8 Peito-
7 Tríceps -	7 Coxa -	8 Tríceps -	8 Costa
7ª semana			
8 Coxa -	9 Peito-	9 Costa	9 Bíceps
8 Ombro -	9 Tríceps -	9 Coxa -	9 Ombro -

• os treinos de perna devem ser realizados quando forem realizados o treino de coxa, e músculos abdominais devem ser realizados em dias alternados.

36

CAPÍTULO 3 - Organização

Em todos os programas é trabalhado abdome quase todos os dias, isto ocorre por este ser um músculo muito resistente, mas é bom lembrar que estes exercícios são sem carga. Vou comentar os mesmos com carga na parte de musculação para as mulheres. Veremos os métodos que podem ser usados nos programas anteriores com variáveis de carga e repetições.

Existem muitos métodos para que se consiga intensificar, modificar, incentivar, testar o trabalho com sobrecargas. Entre estes vários métodos, podem ser criados muitos outros, se você pensar e usar a sua criatividade. Vamos dar exemplos de métodos de fácil utilização e de boa aceitação:

Métodos

Pirâmide

Este método possui muitas variáveis, vamos mostrar algumas delas.

Pirâmide crescente

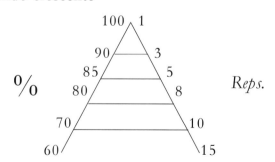

A principal característica consiste em aumentar o peso e diminuir as repetições.

37

Pirâmide crescente truncada

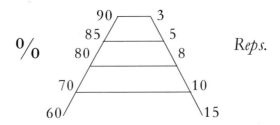

A principal característica consiste em aumentar o peso e diminuir as repetições, sem realizar a carga máxima.

Pirâmide decrescente

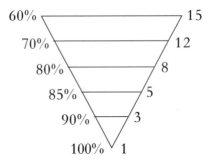

A principal característica consiste em diminuir o peso e aumentar as repetições.

Pirâmide truncada decrescente

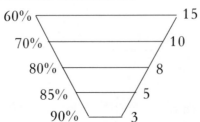

A principal característica consiste em diminuir o peso e aumentar as repetições, sem realizar a carga máxima.

Pirâmide truncada completa

% - reps.

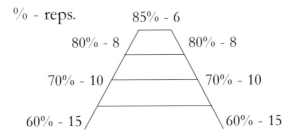

A principal característica consiste em aumentar o peso e diminuir as repetições, sem chegar à carga máxima, e descer à mesma diminuindo o peso e aumentando as repetições (de 5 a 7 séries).

Tensão contínua

Consiste em realizar os exercícios de forma bem lenta com um tempo de mais ou menos 5 segundos na negativa (excêntrica), e 2 segundos na positiva (concêntrica) e sem realizar os encaixes articulares ou pausas nos movimentos. Excelente para recrutar unidades motoras e no aumento de força.

Superset

Consiste em realizar dois exercícios sem intervalos entre um e outro, exemplo: *Rosca Direta + Rosca Concentrada*. Depois da realização das duas séries, vem o intervalo.

Tri-set

Idem ao Superset só que em vez de 2 exercícios utilizamos 3 exercícios.

Exemplo: Supino + crucifixo inclinado + supino declinado, ou remada + puxada por trás + remada no pulley.

Pré-exaustão

Executa-se um exercício uniarticular, em que o segmento em questão trabalha isoladamente, a fim de pré-exaurir suas reservas energéticas. Em seguida faz-se um exercício multiarticular em que o segmento principal é auxiliado por outra musculatura.

Exemplo: Crucifixo/supino ou elevação lateral/desenvolvimento.

Pode ser trabalhado em superset ou não. Bom para melhorar o desempenho em grupos musculares com maior dificuldade de desenvolvimento.

Repetições parciais

Divide-se a amplitude articular em ângulos menores, realizando séries parciais nesses ângulos.

Exemplo: Repetições de 0 a 90 graus + repetições de 90 a 180 graus, ou vice-versa. Ideal para otimizar o desenho e a estética muscular.

CAPÍTULO 3 – Organização

Pausa - descanso

Treina-se com cargas que possibilitem um número de repetições, é dado um intervalo de apenas 15 segundos e então repete-se o processo. Realizar 3 ou 4 séries. Visa um recrutamento maior de unidades motoras e a resistência muscular.

Kamikazi

Inicia-se o exercício com o peso máximo para um número de repetições. Após este número diminui-se o peso, sem parar com a execução. Realiza-se o número máximo de repetições e diminui-se o peso novamente, repetir até o final da carga. Ideal recrutar o máximo de fibras musculares.

Gangorra (Ziguezague)

Inicie a série com 60% da carga, realize 15 a 20 repetições; dê um intervalo mínimo, e realize mais 8 repetições com 80% da carga. Pode ser dado intervalo maior ou realiza-se mais uma série de 60% da carga de trabalho. Bom para recrutar fibras.

Uma e meia

Realiza-se uma repetição completa, mais meia na fase de maior dificuldade. Pode-se realizar um, dois, três ou até quatro tempos na repetição menor. Visa fortalecer o músculo e também os ligamentos e tendões.

41

ENSINANDO MUSCULAÇÃO – Exercícios Resistidos

Circuito

Utiliza-se de 6 a 15 exercícios. Será realizada uma série em cada exercício depois volta-se ao início. Pode ser realizada por repetições ou tempo. Bom para quem não tem muito tempo para treinar. Podem ser realizados exercícios aeróbios, abdominais como um descanso ativo.

Negativa

Utilizando pesos 30 a 40% acima da carga máxima realize o exercício apenas na fase excêntrica. Realize de 4 a 6 repetições. Excelente para o aumento de força, e também para recrutar as fibras II x (hiperplasia).

Drop set

Consiste em realizar um número determinado de repetições (ex. 8 repetições), sem intervalo ou com um intervalo pequeno; realiza-se uma redução de 20% a 30% da carga, realiza o maior número possível de repetições, podendo interromper neste momento ou repetir mais uma redução de 20% a 30% da carga e realizar o Máximo possível de repetições.

Roubada

Este método consiste em utilizar um movimento do corpo para realizar a fase concêntrica, o exemplo mais co-

42

CAPÍTULO 3 – Organização

mum ocorre na rosca direta quando se utiliza o movimento do tronco para conseguir vencer a carga e flexionar o antebraço. Iniciantes e pessoas com uma musculatura não preparada não deve realizar; importante lembrar que este é um método e deve ser utilizado por um período pequeno do treinamento.

Exaustão

Este método é realizado de uma maneira em que o executante realiza o número máximo de repetições possíveis por série, interrompendo a série quando não conseguir realizar mais o movimento completo.

Série 21

Esta série leva o nome devido o número de repetições que não necessariamente tem de ser 21, a idéia do método é realizar a série em três fases: primeira fase realiza-se 7 repetições na metade inicial do movimento, depois mais 7 repetições na metade final do movimento e para finalizar 7 repetições completas.

Número de séries por treino

"No pain, no gain." No dia seguinte de uma aula, os músculos devem estar levemente dolorosos ao encurtar ou alongar. Se a dor for muito forte, já se tem um bom parâmetro do excesso de séries.

43

ENSINANDO MUSCULAÇÃO – Exercícios Resistidos

O treinamento deve ser sempre puxado, porém não existe um trabalho que possamos dizer certo, pois cada caso é um caso, mas existem alguns dados que poderemos usar para esta colocação, Exemplo:

- De 9 a 15 séries para grandes grupos musculares nas sessões intercaladas.
- De 9 a 12 séries para pequenos grupos musculares nas sessões intercaladas.
- De 6 a 12 séries para grandes grupos musculares nas sessões convencionais.
- De 6 a 9 séries para pequenos grupos musculares, nas sessões convencionais.

Normalmente devemos usar o maior número de séries para trabalhar os grupos musculares mais difíceis de desenvolver, independentemente de serem músculos grandes ou pequenos.

Número de exercícios

O número de exercícios não é fator importante para o desenvolvimento do músculo. As séries totais realizadas por um grupo muscular podem ser de apenas um exercício, ou com vários exercícios. Considerando que exercícios diferentes para o mesmo músculo enfatizam fibras e feixes distintos, podemos dizer que quanto mais exercícios você realizar para um grupo, mais fibras unidades motoras estarão sendo recrutadas. Isto pode ser utilizado muito para o desenvolvimento estético e postural do cliente, mas na força pode diminuir o seu ganho por não condicionar as fibras para o movimento. A motivação não será muito grande e talvez motive mais o cliente, a varia-

CAPÍTULO 3 – Organização

ção de alguns exercícios. Cada caso é um caso, mas é bem aconselhado fazer um trabalho básico intercalado com um trabalho de recrutamento de unidades motoras.

Repetições

O número de repetições é um fator também muito importante, pois são elas que irão reger o trabalho escolhido.

Para se trabalhar força pura utilizaremos de 1 a 4 repetições com uma carga de 90% a 100% da força máxima, com uma velocidade lenta, um número de séries entre 3, podendo chegar até 8 por treino, as pausas devem ser de 2'a 5', com uma recuperação de 20 a 24 horas. O emprego deste treino visa o aumento de força pura para movimentos específicos.

Para se trabalhar hipertrofia, usaremos de 6 a 12 reps. Com uma carga entre 70% a 85% da força máxima com uma velocidade média lenta, o número de séries deve ser de 3 a 5, com um intervalo de 2'a 4'e recuperação de 36 a 48 horas. É usado para o maior ganho de hipertrofia, melhora imediata da força dinâmica nos esportes.

Para se trabalhar explosiva, usaremos de 6 a 10 reps., com uma carga de 30% a 60% da força máxima com a velocidade máxima e um número de série de 4 a 6, intervalo de 2'a 5' para uma recuperação 18 a 24 horas. Podendo ser adaptado para as repetições utilizadas, intervalos utilizados, velocidade utilizada, no esporte desejado. O uso é para a melhora da força rápida (explosiva).

Para se trabalhar R.M.L., devemos usar de 15 a 30 reps., com uma carga de 40% a 60% da carga máxima, com uma velocidade média rápida, séries de 4 a 6, inter-

ENSINANDO MUSCULAÇÃO – Exercícios Resistidos

valos com a duração de 48 a 72 horas, para melhorar a resistência muscular localizada (resistência aeróbia / anaeróbia no músculo).

Testes de carga

Teste de carga máxima - visa a chegar ao peso máximo que o atleta consegue realizar uma vez o exercício completo, não é muito prático, pois, até chegar ao peso máximo, são necessárias várias tentativas de carga e o intervalo entre as cargas deve ser de 3 a 5 minutos. Outro ponto de dificuldade é a segurança e carga para o mesmo.

Teste de Peso por Repetição - é um dos testes que compromete os profissionais de educação física, pois é feito de maneira empírica. Consiste em detectar o peso máximo para o avaliado realizar a série prevista. Com isto sairemos de um suposto e chegaremos a outro.

Teste de Peso por Repetição Máxima - O teste é feito da seguinte maneira: escolhemos um peso que consideramos adequado no momento, orientamos para que o aluno realize as repetições previstas nas séries. Na última série pedimos que ele realize o máximo de repetições possíveis. O número de repetições a mais do que as previstas será transformado em peso da seguinte maneira:

Para os grupos musculares grandes de membro superior, 1 quilo a mais para cada 2 repetições.

Para os grandes grupos musculares do membro inferior, para cada repetição a mais, acrescenta-se 1 quilo.

Para grupos pequenos de membro superior, 1 quilo a mais para cada 4 repetições.

A vantagem deste método é que deixa o aluno preso a você.

Teste submáximo

O ideal deste teste é achar a carga máxima através de repetições submáximas, porém os autores (Baechele e Earle) mostram que nem sempre são exatos, mas se questionado o teste de carga máxima (CM) também pode não ter uma grande precisão por inúmeros problemas, sem contar com os riscos na integridade do executante.

O teste é realizado por repetições menores. Ex.: 2, 3, 4 ou mais, através desta é dado a porcentagem de carga, depois é só achar a carga relativa a 100%.

Porcentagem de carga	Repetições
100%	1
95%	2
93%	3
90%	4
87%	5
85%	6
83%	7
80%	8
77%	9
75%	10
70%	11
67%	12
65%	15

Tensão muscular

Ação concêntrica

Quando a ação muscular provoca uma força maior que a carga de resistência, o músculo encurta. Desta maneira, ele aproxima os ossos nos quais está inserido, alterando o ângulo da articulação. Isso chamamos de ação *concêntrica*. Uma única fibra é capaz de encurtar aproximadamente metade do seu comprimento.

Ação isométrica

Se uma força de uma carga de resistência de uma articulação é igual à força produzida pelo músculo, o comprimento do músculo permanece inalterado e nenhum movimento ocorre na articulação.

Ação excêntrica

Quando uma carga de resistência excede àquela produzida pela tensão em um músculo, o músculo é alongado (ação envolvendo aumento de comprimento do músculo).

Excesso de treinamento

O excesso de treinamento pode afetar tanto na recuperação como na supercompensação. Na recuperação, além da ausência de progresso, e de volume e força surgem os sintomas característicos como desânimo, cansaço

Capítulo 3 – Organização

crônico, insônia noturna, sonolência diurna, falta de turgência muscular. Na supercompensação muito freqüente, apenas não ocorre a hipertrofia ao longo dos meses e anos.

Sempre que não houver progresso no treinamento, nós, professores, devemos orientar o aluno para diminuir a quantidade total de trabalho. Os iniciantes sempre progridem rápido, porque, trabalhando com poucas séries totais, não ultrapassam a capacidade anabólica natural do organismo.

Capítulo 4
Exercícios

Coxa

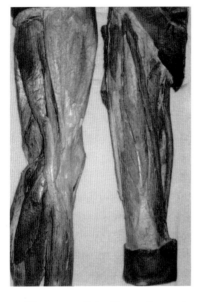

Nos exercícios para a coxa vamos trabalhar vários músculos, eis alguns:

- Vasto medial - Sua origem é por toda a extensão da linha áspera e crista condiliana medial do fêmur, insere-se na metade medial do bordo superior da patela e tendão patelar à tuberosidade tibial, sua ação é a extensão da perna.
- Vasto intermédio - Origem nos dois terços superiores da superfície anterior do fêmur, insere-se no bordo superior da patela e tendão patelar à tuberosidade tibial, sua ação é a extensão da perna.

ENSINANDO MUSCULAÇÃO – Exercícios Resistidos

- Vasto lateral - Origem na superfície lateral do fêmur, abaixo do trocânter maior e metade superior da linha áspera, insere-se na metade lateral do bordo superior da patela e tendão patelar à tuberosidade da tíbia, sua ação é a extensão da perna.
- Reto da coxa - Origem na espinha ilíaca ântero-inferior, insere-se na face superior da patela e tendão patelar à tuberosidade da tíbia, sua ação é a flexão da coxa e extensão da perna. Estes quatro músculos formam o quadríceps.
- Poplíteo - Origem na superfície posterior do côndilo do fêmur, insere-se na superfície póstero-medial superior da tíbia, sua ação é a flexão da perna e a rotação interna da perna.
- Bíceps femural - Origem na cabeça, longa tuberosidade isquiática, cabeça curta, metade inferior da linha áspera e crista condiliana lateral, insere-se na cabeça da fíbula e côndilo lateral da tíbia, suas ações são extensão e rotação externa da coxa, flexão e rotação externa da perna.
- Semitendíneo - Origem na tuberosidade do ísquio, insere-se no côndilo medial ântero-superior da tíbia, suas ações são: extensão da coxa e rotação interna da coxa, flexão e rotação interna da perna.
- Semimembranáceo - Origem na tuberosidade do ísquio, insere-se na superfície posterior do côndilo medial da tíbia, suas ações são extensão e rotação interna da coxa, flexão e rotação interna da perna.
- Glúteo máximo - Origem no quarto posterior da crista do ílio, superfície posterior do sacro próximo do ílio e fáscias da região lombar, insere-se na linha glútea do fêmur e trato iliotibial da fáscia lata, suas ações são extensão, rotação externa e adução da coxa, os glúteos mínimo e médio realizam a abdução e a rotação interna.

CAPÍTULO 4 – Exercícios

- Glúteo médio - Origem na superfície lateral da asa do ilíaco, entre as linhas anterior e posterior, insere-se no trocânter maior do fêmur e tem com ações isoladas abdução da coxa, flexão da coxa (porção anterior), rotação interna da coxa (porção anterior), extensão da coxa (porção posterior), rotação externa da coxa (porção anterior).

- Glúteo mínimo - Origem na superfície lateral do ilíaco entre as linhas glúteas anterior e posterior, insere-se no trocânter maior do fêmur e suas ações são: abdução da coxa, flexão da coxa e rotação interna da coxa.

- Adutor longo - Origem no tubérculo pubiano, sua inserção está na borda medial da linha áspera do fêmur, sua ação é a adução da coxa.

- Adutor curto - Origem na frente do ramo do púbis imediatamente abaixo da origem do adutor longo, sua inserção é no trocânter menor e quarto proximal da linha áspera, suas ações são a adução da coxa e rotação externa à medida que aduz a coxa.

- Adutor magno - Origem no bordo de todo o ramo do púbis, ísquio e tuberosidade isquiática, insere-se por toda a extensão da linha áspera, crista condiliana medial e tubérculo adutor do fêmur medial, suas ações são: adução da coxa, rotação externa à medida que ocorre a adução da coxa.

- Sartório - Espinha ilíaca e chanfradura imediatamente abaixo da espinha, insere-se no côndilo medial anterior da tíbia, suas ações são flexão da coxa, rotação externa da coxa e flexão da perna.

- Tensor da Fáscia Lata - Origem ilíaca anterior e superfície do ílio imediatamente abaixo da crista, insere-se no trato iliotibial na coxa, a um quarto da distância para baixo, suas ações são abdução e flexão da coxa.

53

- Iliopsoas - Origem na superfície interna do ílio, base do sacro e lados dos corpos da última vértebra torácica e de todas as vértebras lombares, insere-se no trocanter menor do fêmur e diáfise imediatamente abaixo, suas ações são flexão da coxa e rotação externa da coxa.
- Grácil - Origem na borda ântero-medial do ramo descentente do púbis, insere-se na superfície ânteromedial da tíbia abaixo do côndilo, suas ações são adução e rotação interna da coxa e flexão da perna.

Agachamento

Execução - coloque a barra nas costas acima da escápula, segure a barra na extremidade mais longa, antes das anilhas; os pés devem estar na largura dos ombros e levemente abduzidos; realize a flexão das pernas e das coxas juntos, mantendo o corpo levemente curvado à frente; o movimento de descida deve ser acompanhado de uma inspiração e, no final da descida, uma apnéia para estabilizar a coluna; o movimento de subida deve ser realizado sem pegar impulso e realizando a expiração.

Deve-se descer até sentir um desconforto no joelho ou na lombar (se não sentir desconforto, agache totalmente). A largura dos pés varia para cada um e da quantidade de peso. Uma maneira boa para este ajuste é colocar o cliente em posição de impulsão horizontal para alcance máximo. O exercício de agachamento é um movimento igual ao sentar-se, o mesmo pode e deve ser utilizado com processo pedagógico para a sua aprendizagem.

Cuidados - o desequilíbrio é muito perigoso, por isso deve-se utilizar cargas adequadas. Quando a inclinação frontal é muito grande, o joelho tende a ultrapassar a ponta do pé podendo causar algum tipo de lesão na articulação (nunca deixe o joelho ultrapassar as pontas dos pés).

Músculos – quadríceps (extensão da perna), semitendíneo (extensão da coxa), semimembranáceo (extensão da coxa), bíceps femural (extensão da coxa), glúteo máximo (extensão da coxa), glúteo médio (extensão da coxa), adutor magno (parte posterior), extensão da coxa..

Leg press

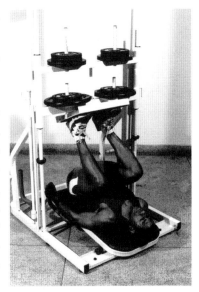

Leg press - É um aparelho que é encontrado em vários estilos: 45 graus, 90 graus e horizontal.

Execução - com os pés na base, comece a descer o peso (45° e 90°) ou a empurrar o peso (horizontal), realizar a flexão das pernas e coxas juntas, o movimento de descida (ou empurrar) deve ser acompanhado de uma inspiração e no final da descida (retorno do peso) uma apnéia para estabilizar a coluna. O movimento de subida (retorno do peso) deve ser realizado sem pegar impulso e realizando a expiração.

Cuidados - não deixe que na descida (ou retorno) os joelhos se abram ou se fechem. Para que isso não aconteça coloque um colchonete dobrado entre os mesmos, não deixe que a região lombar e os glúteos percam o contato com o encosto.

Músculos - Quadríceps (extensão da perna), glúteo máximo (extensão da coxa), bíceps femural (extensão da coxa), semimembranáceo (extensão da coxa) e semitendíneo (extensão da coxa), glúteo médio (extensão da coxa), adutor magno (parte posterior) extensão da coxa.

Hack 45°

Apóie a base superior do aparelho sobre os ombros e coloque os pés na base inferior numa altura em que o joelho não ultrapasse a ponta dos pés. Realize a flexão das pernas e das coxas juntas. O movimento de descida deve ser acompanhado de uma inspiração, e no final da descida, uma apnéia para estabilizar a coluna. O movimento de subida deve ser feito sem pegar impulso e realizando a expiração.

Cuidados - idem os do leg press.

Músculos - Quadríceps (extensão da perna), glúteo máximo (extensão da coxa), bíceps femural (extensão da coxa), semimembranáceo (extensão da coxa) e semitendíneo (extensão da coxa), glúteo médio (extensão da coxa), adutor magno (parte posterior), extensão da coxa.

Mesa flexora

Execução - Pode ser realizada na mesa flexora (as duas pernas simultâneas) ou em pé trabalhando as pernas individualmente. Flexione a perna até uns 80° e depois retorne à posição inicial. No momento da flexão, faça a expiração, no retorno da flexão realize a inspiração.

Cuidados - não realizar a flexão da coxa no momento da contração.

Músculos – Semimembranáceo (flexão da perna), semitendíneo (flexão da perna), bíceps femural (flexão da perna), gastrocnêmio (flexão da perna), poplíteo (flexão da perna), grácil (flexão da perna), sartório (flexão da perna).

Mesa extensora

Execução - sentado no aparelho com as pernas atrás do apoio, inspire e comece a realizar a extensão dos joelhos. Depois dos 30° comece a expirar. No ponto máximo de extensão tente manter em isometria durante dois segundos a cada repetição, retorne inspirando à posição inicial.

Cuidados - para quem tem geno recurvato não deve realizar a extensão total.

Músculos - quadríceps (extensão das pernas).

Stiff

Execução - em posição anatômica, empunhe a barra na largura do quadril mantendo os joelhos sempre estendidos. Flexione o tronco até que atinja a maior amplitude possível, depois volte suavemente à posição inicial. No momento da descida realize a inspiração, no final do movimento realize uma apnéia para a melhor estabilização da coluna. Volte expirando e realizando a contração glútea.

Cuidados – A barra deve sempre passar o mais próximo possível da coxa e da perna, assim você estará diminuindo o braço de força, e com isto reduzindo a pressão nas vértebras lombares.

Músculos – Glúteo máximo (extensão da coxa), bíceps femural (extensão da coxa), semitendíneo (extensão da coxa), semimembranáceo (extensão da coxa). Participação de músculos como: iliocostal, longo, espinhal, quadrado do lombo, multífido fazendo a extensão da coluna.

Pernas

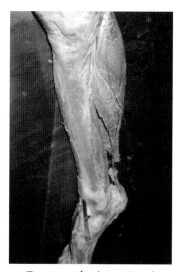

Os principais músculos que compõem a perna são:

- Gastrocnêmio – A origem da cabeça medial é na superfície posterior do côndilo femural medial e da cabeça lateral é na superfície posterior do côndilo femural lateral e se insere na superfície posterior do calcâneo. Suas ações são flexão plantar do tornozelo e flexão da perna.

- Sóleo - Origem no terço superior das superfícies posteriores da tíbia e fíbula, insere-se na superfície posterior do calcâneo, sua ação é a flexão plantar do tornozelo.
- Tibial Posterior - Origem na superfície posterior da metade superior da membrana interóssea e superfícies adjacentes da tíbia e fíbula, insere-se na superfície ínfero-interna dos ossos navicular e cuneiforme e bases do segundo ao quinto metatarsianos, suas ações são a flexão plantar do tornozelo e a inversão do pé.

Elevação dos pés em pé

Este exercício pode ser realizado de várias maneiras: com a barra nas costas igual ao agachamento, no leg press no final do movimento, em barras guiadas ou com o peso do próprio corpo. Consiste em apoiar a parte anterior dos pés sobre um calço e os calcanhares no chão. Dessa posição eleve o corpo o máximo possível e depois retorne à posição inicial.

Cuidados - pessoas com problemas posturais no joelho devem tomar cuidado na realização do exercício. No leg press, o executante deve procurar deixar os joelhos um pouco flexionados.

Músculos - Gastrocnêmio (flexão plantar) e sóleo (flexão plantar).

CAPÍTULO 4 – Exercícios

Elevação dos pés sentado

Execução - Sentado apóie a parte anterior dos pés sobre um calço e os calcanhares no chão, coloque na parte anterior inferior da coxa uma sobrecarga, dessa posição, eleve os joelhos ao máximo possível e depois retorne à posição inicial, existem aparelhos próprios.

Cuidados - com a carga para que não haja uma pressão muito grande para os músculos e tendões do joelho.

Músculos - Sóleo (flexão plantar) e gastrocnêmio (flexão plantar).

Peito

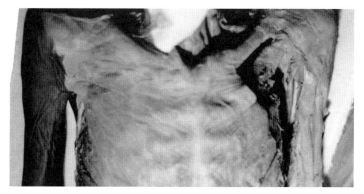

Nos exercícios para o peito, vamos envolver vários outros músculos como:

- Peitoral Maior – A origem das fibras claviculares é na metade medial da superfície anterior da clavícula e as fibras esternais na superfície anterior das cartilagens costais das seis primeiras costelas e porção adjacente do esterno. Insere-se no lábio externo do sulco intertubecular do úmero, suas ações são: adução horizontal, rotação interna, adução, flexão, extensão e abdução após os 90°, todos estes no braço.
- Deltóide clavicular – Origem na borda anterior, superfície superior do terço lateral da clavícula, insere-se na tuberosidade deltóide do úmero, suas ações são: adução horizontal do braço, flexão do braço, rotação interna do braço abdução do braço
- Deltóide acromial – Origem na margem lateral e superfície superior do acrômio da escápula, insere-se na tuberosidade deltóide do úmero, sua ação é abdução do braço.
- Deltóide espinal – Origem lábio inferior da borda posterior da espina da escápula, insere-se na tuberosidade deltóide do úmero, suas ações são: extensão do braço, abdução horizontal do braço, rotação externa do braço, abdução do braço.
- Serrátil Anterior - Origem na superfície das nove costelas superiores no lado do tórax. Insere-se na face anterior de toda a extensão da borda medial da omoplata, suas ações são abdução e a rotação para cima da omoplata.
- Tríceps braquial - Origem da cabeça longa é no tubérculo infraglenóideo, abaixo do lábio inferior da fossa glenóide da escápula, cabeça lateral, metade superior da superfície posterior do úmero, cabeça medial dois terços distais da superfície posterior do úmero. Insere-se no olécrano da ulna e cápsula articular; suas ações são extensão do antebraço e extensão do braço.

CAPÍTULO 4 – Exercícios

- Ancôneo - Origem na superfície posterior do côndilo do úmero, insere-se na superfície posterior do processo do olécrano da ulna. Sua ação é a extensão do cotovelo.
- Coracobraquial - Origem no processo coracóide da omoplata. Insere-se no meio do bordo medial da diáfise umeral. Suas ações são flexão, abdução e adução horizontal do braço.
- Trapézio descendente – Origem na protuberância occipital externa, terço medial da linha nucal superior do osso occipital, parte superior o ligamento nucal, processo espinhoso da vértebra C7, insere-se na borda posterior do terço lateral da clavícula, processo acromial da escápula, suas ações são: Elevação da escápula, adução da escápula, rotação para cima da escápula
- Trapézio ascendente - Origem nos processos espinhosos da quarta até a décima segunda vértebras torácicas, inserindo no espaço triangular na base da espina da escápula, suas ações são: depressão da escápula, adução da escápula, rotação para cima da escápula.
- Latíssimo do dorso – Origem na crista posterior do ílio, dorso do sacro e processos espinhosos das vértebras lombares e das seis vértebras torácicas (T6 -T12), insere no lado medial do sulco intertubercular do úmero, suas ações são: adução, extensão, rotação interna e abdução horizontal do braço.

Supino

Deitado em decúbito dorsal, em um banco plano, segure a barra com uma empunhadura aberta (não muito) e os cotovelos estendidos. Desça a barra até que encoste no peito neste movimento, realize a inspiração acabando

em apnéia, depois eleve a barra até a posição inicial realizando a expiração.

Cuidados - Com novatos ou com clientes com problemas de coluna, os pés devem ficar sobre o banco, para clientes com mais experiência e sem problemas de coluna, os pés podem ficar no chão, para o maior equilíbrio. Sempre é indicado que este exercício seja realizado com a ajuda de uma pessoa. A pegada não deve ser muito aberta para não comprometer a articulação do ombro e também para não desconcentrar o músculo peitoral.

Músculos - Peitoral maior (adução horizontal do braço), tríceps braquial (extensão do antebraço), deltóide clavicular (adução horizontal do braço), serrátil anterior (abdução da escápula), corocobraquial (adução horizontal do braço), ancôneo (extensão do antebraço).

Supino inclinado

Sentado em um banco com inclinação de mais ou menos 45°, segure a barra com uma empunhadura aberta (não muito) e com os cotovelos estendidos, desça a barra até que encoste no peito. Neste movimento realize a inspiração e acabe o movimento em apnéia, depois eleve a barra até a posição inicial, realizando a expiração.

CAPÍTULO 4 – Exercícios

Cuidados - Não deixar o suporte da barra muito longe, para que na hora da pegada não force demais o ombro. Sempre é indicado que este exercício seja realizado com a ajuda de uma pessoa. A pegada não deve ser muito aberta para não comprometer a articulação do ombro e também para não desconcentrar o músculo peitoral.

Músculos - Peitoral maior (ênfase na parte clavicular, adução horizontal do braço), coracobraquial (adução horizontal do braço), tríceps braquial (extensão do antebraço), deltóide clavicular (adução horizontal do braço), serrátil anterior (abdução da escápula), ancôneo (extensão do antebraço).

Supino declinado

Deitado em decúbito dorsal, em um banco declinado, segure a barra com uma empunhadura aberta (não mui-

65

to) e com os cotovelos estendidos. Desça a barra até que encoste no peito, neste movimento realize a inspiração, acabando em apnéia, depois eleve a barra até a posição inicial realizando a expiração.

Cuidados - É importante verificar se o apoio dos pés está ajustado e fixo. É sempre indicado que este exercício seja realizado com a ajuda de uma pessoa. A pegada não deve ser muito aberta para não comprometer a articulação do ombro e também para não desconcentrar o músculo peitoral.

Músculos - Peitoral maior (ênfase na parte abdominal, adução horizontal do braço), coracobraquial (adução horizontal do braço), tríceps braquial (extensão do antebraço), deltóide clavicular (adução horizontal do braço), serrátil anterior (abdução da escápula), latíssimo do dorso (adução do braço), ancôneo (extensão do antebraço).

Crucifixo

Deitado em decúbito dorsal, em um banco reto, ou banco inclinado ou banco declinado. Com os braços estendidos, segure os halteres com os cotovelos estendidos um em cada mão, vá descendo os halteres em direção lateral do seu corpo, deixando as mãos acompanhando o arco dos braços, deixe os cotovelos flexionados. Desça até o ponto em que os halteres fiquem na mesma altura do ombro na abdução horizontal. Neste movimento deve ser realizado a inspiração. Depois retorne à posição inicial expirando.

Cuidados - É importante não deixar que os halteres não ultrapassem os peitorais na abdução. Manter os cotovelos flexionados ajuda a prevenir o stress na articulação do ombro e no cotovelo.

Músculos - Peitoral maior (adução horizontal do braço), coracobraquial (adução horizontal do braço), tríceps braquial (extensão do antebraço), deltóide clavicular (adução horizontal do braço), serrátil anterior (abdução da escápula), ancôneo (extensão do antebraço). Inclinado se dá uma ênfase maior na parte clavicular do peitoral maior, assim como o declinado na parte abdominal do peitoral maior.

Flying

Idem ao crucifixo, mudando apenas a maneira de descer os halteres, neste será dado uma rotação lateral nos halteres. A vantagem é o melhor encaixe biomecânico e a possibilidade de maior sobrecarga utilizada.

Voador ou pec deck

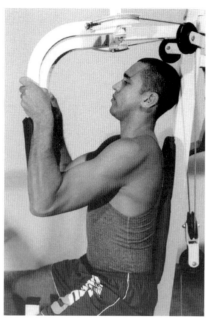

Este exercício será realizado em aparelho próprio. Saindo de um estiramento de uma abdução horizontal do braço, realize uma adução horizontal do braço expirando e retorne à posição inicial inspirando. O exercício deve ser executado com os cotovelos um pouco abaixo da linha dos ombros, para dar mais ênfase ao trabalho do peitoral. Quando realizado na mesma linha ou acima, será dada mais ênfase ao deltóide clavicular.

Cuidados - não sair de um estiramento muito grande, não desencostar do aparelho.

Músculos - Peitoral maior (adução horizontal do braço), deltóide clavicular (adução horizontal do braço), coracobraquial (adução horizontal do braço), serrátil anterior (abdução da escápula).

Costas

Nos exercícios para as costas vamos envolver vários músculos como:

- 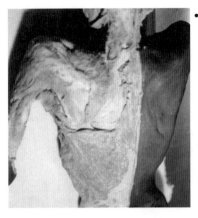 Latíssimo do dorso – Origem na crista posterior do ílio, dorso do sacro e processos espinhosos das vértebras lombares e das seis vértebras torácicas (T6 -T12). Insere-se no lado medial do sulco intertubercular do úmero, suas ações são: adução, extensão, rotação interna e abdução horizontal do braço.
- Deltóide clavicular – Origem na borda anterior, superfície superior do terço lateral da clavícula, insere-se na tuberosidade deltóide do úmero, suas ações são: adução horizontal do braço, flexão do braço, rotação interna do braço, abdução do braço.
- Deltóide acromial – Origem na margem lateral e superfície superior do acrômio da escápula, insere-se na tuberosidade deltóide do úmero, sua ação é abdução do braço.
- Deltóide espinal – Origem no lábio inferior da borda posterior da espina da escápula, insere-se na tuberosidade deltóide do úmero, suas ações são: extensão do braço, abdução horizontal do braço, rotação externa do braço abdução do braço.
- Redondo maior – Origem posterior no terço inferior da borda lateral da escápula, insere-se no lábio medial do sulco intertubercular do úmero, suas ações são extensão e adução do braço.
- Redondo menor – Origem posteriormente na área superior do bordo lateral da escápula, insere-se posteriormente no tubérculo maior do úmero, suas ações são:

CAPÍTULO 4 – Exercícios

rotação externa do braço, abdução horizontal do braço e extensão do braço.

- Subescapular – Origem na superfície anterior inteira da fossa subescapular, insere-se no tubérculo menor do úmero, suas ações são: rotação interna, adução e extensão do braço.
- Infra-espinal – Origem na face medial da fossa infra-espinhosa imediatamente abaixo da espinha da escápula, insere-se posteriormente no tubérculo maior do úmero, suas ações são: rotação externa, abdução horizontal e extensão do braço.
- Supra-espinal - Origem nos dois terços mediais da fossa supra-espinhosa, insere-se superiormente no tubérculo maior do úmero, suas ações são abdução e estabilização do braço.
- Bíceps braquial - Origem na cabeça longa do tubérculo supra-glenóide acima do lábio superior da fossa glenóide. Insere-se na tuberosidade do rádio, suas ações são: flexão do antebraço, supinação do antebraço.
- Tríceps braquial – A origem da cabeça longa é no tubérculo infraglenóideo abaixo do lábio inferior da fossa glenóide da escápula, cabeça lateral, metade superior da superfície posterior do úmero, cabeça medial dois terços distais da superfície posterior do úmero. Insere-se no olécrano da ulna e cápsula articular, suas ações são: extensão do antebraço e extensão do braço.
- Braquial - Origem na metade distal da porção anterior do úmero, insere-se no processo coronóide e tuberosidade da ulna, sua ação é flexão do antebraço.
- Rombóides - Origem no processo espinhoso da última vértebra cervical e das primeiras cinco vértebras torácicas. Insere-se no bordo medial da omoplata, abaixo da espinha, suas ações são: adução e rotação para baixo da omoplata.

ENSINANDO MUSCULAÇÃO – Exercícios Resistidos

- Trapézio parte descendente – Origem protuberância occipital externa, terço medial da linha nucal superior do osso occipital, parte superior do ligamento nucal, processo espinhoso da vértebra C7, insere-se na borda posterior do terço lateral da clavícula, processo acromial da escápula, suas ações são: elevação da escápula, adução da escápula, rotação para cima da escápula.
- Trapézio parte ascendente - Origem nos processos espinhosos da quarta até a décima segunda vértebras torácicas, inserindo no espaço triangular na base da espina da escápula, suas ações são: depressão da escápula, adução da escápula, rotação para cima da escápula.
- Trapézio parte transverso – Origem na parte inferior do ligamento nucal, processos espinhosos da sétima vértebra cervical e vértebras torácicas superiores, inserindo na margem medial do processo acromial da escápula e no lábio superior da borda posterior da espina da escápula, sua ação é: adução da escápula.
- Redondo menor- Origem posteriormente na área superior e média do bordo lateral da escápula, sua inserção fica posteriormente no tubérculo maior do úmero, suas ações são: rotação externa do braço, abdução horizontal do braço, extensão do braço.
- Braquiorradial – Origina-se nos dois terços da crista condiliana lateral do úmero inserindo-se na superfície lateral da extremidade distal do rádio no processo estilóide, suas ações são: flexão do antebraço, pronação (desde a posição supinada neutra) e supinação (desde a posição pronada neutra).

Puxadas altas

Sente-se no banco do puxador, ajuste o assento e o apoio de coxa, pegue a barra do puxador, faça uma inspiração, realize uma apnéia e puxe a barra fazendo a expiração. Quando estiver próximo do término do movimento, volte à posição inicial inspirando.

Execução - segure a barra na pegada desejada, realize a inspiração, puxe a barra para baixo até que ultrapasse o occipital ou o queixo realizando a expiração, depois volte à posição inicial inspirando.

Cuidados - O principal é com a manutenção do aparelho (cabos), outro é não encurtar o movimento.

Músculos - Latíssimo do dorso (adução do braço), rombóide (adução da escápula), trapézio (adução da escápula), bíceps braquial (flexão do antebraço), tríceps braquial (extensão do braço), peitoral maior (adução do braço), redondo maior (adução do braço), redondo menor (adução do braço), trapézio parte transversa (adução da escápula), deltóide espinal (extensão do braço).

Remada no puxador

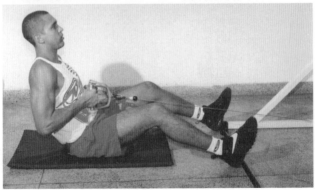

CAPÍTULO 4 – Exercícios

Sente-se em frente ao puxador, mantenha os joelhos flexionados, o tronco no caso de iniciantes deve ser mantido perpendicular ao solo, já com clientes adaptados pode-se realizar uma flexão e uma extensão no movimento para fortalecer mais a região lombar e também para utilizar mais cargas. Puxe a barra próxima da parte superior do abdome mantendo os cotovelos próximos ao corpo. O mesmo pode ser utilizado com os cabos altos ou baixos. Deve-se realizar uma inspiração antes do início do movimento e realizar a maior parte do movimento em apnéia. Próximo ao término do movimento, faça a expiração, volte à posição inicial inspirando.

Cuidados - Com o aparelho (cabos), em manter o joelho flexionado e com a movimentação do tronco.

Músculos - Latíssimo do dorso (extensão do braço), peitoral maior (extensão do braço), deltóide espinal (extensão do braço), cabeça longa do tríceps braquial (extensão do braço), rombóide (adução da escápula), trapézio (adução da escápula), bíceps braquial (flexão do antebraço), redondo maior (extensão do braço), redondo menor (extensão do braço), braquial (flexão do antebraço) e braquiorradial (flexão do antebraço).

Remada unilateral

Apóie uma das mãos num banco. A perna oposta deverá ficar afastada e a mão oposta com o halter, podendo também se realizar com a coxa e as pernas flexionadas, apoiando o cotovelo no joelhos, deixando a outra coxa e perna estendidas. Realize a extensão do ombro, combinando com a flexão do cotovelo, faça com que o cotovelo ultrapasse o tórax. O mesmo exercício pode ser feito com uma abdução horizontal, combinado com a flexão do cotovelo.

75

Pode ser realizada uma rotação medial do peso durante a fase concêntrica.

Cuidados - A volta do movimento concêntrico deve ser realizada de maneira cadenciada para que não haja perigo de lesões.

Músculos - Latíssimo do dorso (extensão do braço), deltóide espinal (extensão do braço), cabeça longa do tríceps braquial (extensão do braço), rombóide (adução da escápula), trapézio (adução da escápula), bíceps braquial (flexão do antebraço), redondo maior (extensão do braço), redondo menor (extensão do braço), braquial (flexão do antebraço) e braquiorradial (flexão do antebraço).

Voador dorsal ou pec deck reverse

Sente-se no voador e realize a pegada dorsal, inspire e realize uma abdução horizontal em apnéia, fazendo a

expiração próximo ao final do movimento, volte à posição inicial, inspirando.

Cuidado - Manter o tronco fixo.

Músculos - Deltóide espinal (abdução horizontal do braço), infra-espinal (abdução horizontal do braço), rombóide (adução da escápula), trapézio (adução da escápula), latíssimo do dorso (abdução horizontal) e redondo menor (abdução horizontal).

Barra

Utilizando uma barra fixa, realize uma pegada e faça a elevação do seu corpo até a mesma. Inspire no início e depois, em apnéia, realize o movimento com uma expiração próxima ao final do movimento, volte à posição inicial inspirando.

Cuidados - No retorno para que não haja lesões.

Músculos - Latíssimo do dorso (adução e extensão do braço), peitoral maior (adução e extensão do braço), bíceps braquial (flexão do antebraço), cabeça longa do tríceps braquial (extensão do braço), rombóide (adução da escápula), braquial (flexão do antebraço), braquiorradial (flexão do antebraço), redondo maior (extensão do braço), redondo menor (extensão do braço), deltóide espinal (extensão do braço), trapézio (adução da escápula).

Ombros

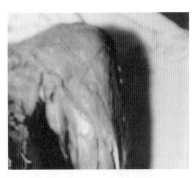

Vários músculos serão envolvidos nos exercícios visando ombro como:

- Deltóide clavicular – Origem na borda anterior, superfície superior do terço lateral da clavícula, insere-se na tuberosidade deltóide do úmero, suas ações são: adução horizontal do braço, flexão do braço, rotação interna do braço abdução do braço.
- Deltóide acromial – Origem na margem lateral e superfície superior do acrômio da escápula, insere-se na tuberosidade deltóide do úmero, sua ação é abdução do braço.
- Deltóide espinal – Origem no lábio inferior da borda posterior da espina da escápula, insere-se na tuberosidade

Capítulo 4 – Exercícios

deltóide do úmero, suas ações são: extensão do braço, abdução horizontal do braço, rotação externa do braço abdução do braço.

- Rombóides - Origem no processo espinhoso da última vértebra cervical e das primeiras cinco vértebras torácicas. Insere no bordo medial da escápula, abaixo da espinha, suas ações são adução e rotação para baixo da escápula.
- Trapézio parte descendente – Origem na protuberância occipital externa, terço medial da linha nucal superior do osso occipital, parte superior do ligamento nucal, processo espinhoso da vértebra C7, insere-se na borda posterior do terço lateral da clavícula, processo acromial da escápula, suas ações são: elevação da escápula, adução da escápula, rotação para cima da escápula
- Trapézio parte ascendente - Origem nos processos espinhosos da quarta até a décima segunda vértebras torácicas, inserindo no espaço triangular na base da espina da escápula, suas ações são: depressão da escápula, adução da escápula, rotação para cima da escápula.
- Trapézio parte transverso – Origem na parte inferior do ligamento nucal, processos espinhosos da sétima vértebra cervical e vértebras torácicas superiores, inserindo na margem medial do processo acromial da escápula e no lábio superior da borda posterior da espina da escápula, sua ação é: adução da escápula.
- Peitoral Maior – A origem das fibras claviculares é na metade medial da superfície anterior da clavícula e as fibras esternais na superfície anterior das cartilagens costais das seis primeiras costelas e porção adjacente do esterno. Insere-se no lábio externo do sulco intertubercular do úmero, suas ações são adução horizontal, rotação interna, adução, flexão, extensão e abdução após os 90°, todos estes no braço.

ENSINANDO MUSCULAÇÃO – Exercícios Resistidos

- Tríceps braquial - Origem da cabeça longa é no tubérculo infraglenóideo abaixo do lábio inferior da fossa glenóide da escápula, cabeça lateral metade superior da superfície posterior do úmero, cabeça medial dois terços distais da superfície posterior do úmero. Insere-se no olécrano da ulna e cápsula articular, suas ações são: extensão do antebraço e extensão do braço.
- Ancôneo - Origem na superfície posterior do côndilo do úmero, insere na superfície posterior do processo do olécrano da ulna, sua ação é a extensão do cotovelo.
- Supra-espinal - Origem dois terços mediais da fossa supra-espinhosa, insere superiormente no tubérculo maior do úmero, suas ações são: abdução e estabilização do ombro.
- Braquiorradial – Origina-se nos dois terços da crista condiliana lateral do úmero inserindo-se na superfície lateral da extremidade distal do rádio no processo estilóide, suas ações são: flexão do antebraço, pronação (desde a posição supinada neutra) e supinação (desde a posição pronada neutra).
- Eretor da escápula – Origem nos processos transversos das quatro vértebras cervicais superiores, inserindo na borda medial da escápula acima da base da espina da escápula, sua ação é elevar a borda medial da escápula.

Desenvolvimentos

Este exercício pode ser realizado sentado ou em pé, com aparelho ou com barra. Segure a barra atrás da cabeça a uns 30 a 40cm da largura do ombro. Inspire, realize a apnéia, empurre lentamente a barra para cima. Quando tiver passado da metade do movimento comece a expirar, realize a extensão do cotovelo e retorne à posição inicial

CAPÍTULO 4 — Exercícios

inspirando. Quanto mais aberta for a pegada, maior a ação do deltóide clavicular anulando o tríceps, com a barra descendo na frente do rosto, a ênfase maior é do deltóide clavicular, sofrendo um auxílio do peitoral maior da parte clavicular.

Cuidados - Este é um exercício que sempre deve ser realizado com a ajuda de um companheiro.

Músculos - Deltóide clavicular (abdução do braço), deltóide acromial (abdução do braço), peitoral maior (abdução do braço), coracobraquial (abdução do braço), serrátil anterior (rotação para cima da escápula), trapézio (rotação para cima da escápula), tríceps braquial (extensão do antebraço), supra espinal (abdução do ombro) e ancôneo (extensão do braço).

Remada alta

Deixe os pés na largura do ombro, segure a barra em uma pegada fechada, mantenha a barra em frente ao seu

corpo na altura do quadril, realize uma abdução do braço e uma flexão do antebraço, levando a barra até próximo do seu queixo, faça uma inspiração antes do início do movimento, expire na altura do esterno, volte à posição inicial, inspirando.

Cuidados - O retorno deve ser bem lento.

Músculos - Trapézio (rotação para cima da escápula), serrátil anterior (rotação para cima da escápula), deltóide clavicular (abdução do braço), deltóide acromial (abdução do braço), bíceps braquial (flexão do antebraço), braquial (flexão do antebraço), supra espinal (abdução do ombro) e braquiorradial (flexão do antebraço).

Elevação lateral

Pode ser realizado em pé, sentado, em outras inclinações, polias baixas e aparelhos próprios. Segure um halteres em cada mão, com os pesos à frente do corpo, com as palmas da mão voltadas uma para a outra, os cotovelos e os joelhos devem estar flexionados, inspire, realize a apnéia e faça a abdução do braço com as mãos em pronação, próximo do ângulo de 90°, realize a expiração, volte à posição inicial inspirando.

Cuidados - Não deixar os cotovelos estendidos para não estressar a articulação.

Músculos - Deltóide clavicular (abdução do braço), deltóide acromial (abdução do braço), trapézio (rotação para cima da escápula), supra espinal (abdução do braço).

Elevação dos ombros

Segure a barra na frente das coxas, mantenha os cotovelos e joelhos flexionados, eleve a omoplata aduzindo-as ao mesmo tempo, realize a expiração na fase concêntrica e a inspiração na fase excêntrica.

Cuidados - Manter os joelhos flexionados para manter o centro de gravidade e os cotovelos para evitar "stress" nas articulações do cotovelo e ombro (encaixe articular).

Músculos - Trapézio (elevação da escápula), rombóide (adução da escápula), eretor da escápula (elevação da escápula).

Bíceps braquial

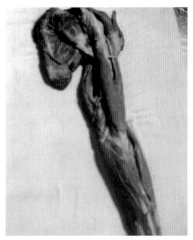

Os exercícios que trabalham bíceps braquial envolvem outros músculos que são:

- Bíceps braquial - Origem na cabeça longa do tubérculo supraglenóide acima do lábio superior da fossa glenóide, insere-se na tuberosidade do rádio, suas ações são: flexão do antebraço, supinação do antebraço.
- Braquial - Origem na metade distal da porção anterior do úmero, insere-se no processo coronóide e tuberosidade da ulna, sua ação é flexão do antebraço.
- Braquiorradial - Origem nos dois terços distais da crista condiliana lateral do úmero, insere-se na superfície lateral da extremidade distal do rádio no processo estilóide, suas ações são flexão do cotovelo, pronação (posição supinada à neutra) e supinação (posição pronada à neutra).
- Pronador redondo - Origem parte distal da crista condiliana do úmero e lado medial da ulna, insere-se no terço médio da superfície lateral do rádio, suas ações são pronação e flexão do antebraço.

Rosca direta

Segure a barra com as mãos viradas para frente, na largura dos ombros, em pé e em frente à coxa, inspire, faça uma apnéia e realize a flexão do cotovelo após passar os 90°, comece a expiração e volte à posição inicial inspirando.

Cuidados - Em não jogar o corpo para trás com a finalidade de facilitar a subida, isto pode exercer uma pressão muito grande nos discos vertebrais dos iniciantes. Manter os punhos sempre retos para evitar stress na articulação do punho e do cotovelo.

Músculos - Bíceps braquial (flexão do antebraço), braquial (flexão do antebraço), braquiorradial (flexão do antebraço), pronador redondo (flexão do antebraço).

Rosca concentrada

Sentado com o tronco flexionado, segure o halter com uma mão, apóie o cotovelo do mesmo braço na parte medial do joelho do mesmo lado e mantenha-o estendido. Com a outra mão apóie sobre o joelho do mesmo lado e deixe o cotovelo flexionado. Faça a inspiração e comece o movimento em apnéia. Apoiando na parte medial da coxa, realize a flexão do cotovelo até aproximar-se do tórax na

parte mais fácil da subida, realize a expiração, volte à posição inicial inspirando.

Cuidados - Procurar a posição de maior conforto para o tronco para não forçar os discos vertebrais.

Músculos - Bíceps braquial (flexão do antebraço), braquial (flexão do antebraço), braquiorradial (flexão do antebraço), pronador redondo (flexão do antebraço).

Rosca schot

CAPÍTULO 4 – Exercícios

Segure a barra com os braços apoiados no banco schot (aparelho) com as mãos em supinação, uma pegada um pouco mais fechada que a largura dos ombros, desça a barra inspirando. Ao chegar próximo a uma extensão total do cotovelo, realize uma apnéia e volte à posição inicial. Após passar os 90° comece a expiração.

Cuidados - Na altura do apoio e do banco do aparelho, não realize a extensão total, mantenha os punhos retos para não estressar as articulações do cotovelo e punho.

Músculos - Bíceps braquial (flexão do antebraço), braquial (flexão do antebraço), braquiorradial (flexão do antebraço), pronador redondo (flexão do antebraço).

Rosca no banco inclinado

Sente-se em um banco inclinado, segure os halteres, deixe os braços estendidos ao lado do banco, faça a inspiração e comece a flexão do cotovelo em apnéia, deixe o braço em hiperextensão. Depois de flexionar o cotovelo mais de 90°, faça a expiração e complete o movimento. Volte à posição inicial, inspirando.

Cuidado - O banco não deve ter uma inclinação maior que 45° para não estressar a articulação do ombro, o retorno do movimento deve ser lento.

87

Músculos - Bíceps braquial (flexão do antebraço), braquial (flexão do antebraço), braquiorradial (flexão do antebraço), pronador redondo (flexão do antebraço).

Tríceps braquial

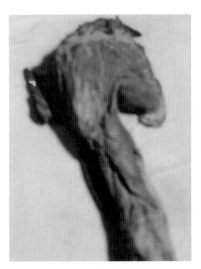

Os exercícios de tríceps braquial são envolvidos pelos músculos tríceps e ancôneo principalmente.

- Tríceps braquial - Origem da cabeça longa é no tubérculo infraglenóideo abaixo do lábio inferior da fossa glenóide da escápula, cabeça lateral metade superior da superfície posterior do úmero, cabeça medial dois terços distais da superfície posterior do úmero. Insere-se no olécrano da ulna e cápsula articular, suas ações são extensão do cotovelo e extensão do ombro.
- Ancôneo - Origem na superfície posterior do côndilo do úmero, insere-se na superfície posterior do processo do olécrano da ulna, sua ação é a extensão do cotovelo.

Tríceps roldana

A pegada pode ser feita de várias maneiras dependendo do tipo de barra que será utilizada. Entre os vários tipos de barra encontramos a barra curta e a longa, que podem ser utilizadas com pegadas em pronação ou supinação; a barra em V que deverá ser utilizada a pegada na diagonal o mais próximo do centro e a corda que acompanhará a movimentação do punho.

Realize a pegada, deixe os braços ao lado do corpo e os antebraços flexionados, inspire e em apnéia realize a extensão do antebraço mantendo sempre os braços ao lado do corpo. Após a fase mais difícil, realize a expiração, volte à posição inicial inspirando.

Cuidados - Mantenha sempre o corpo levemente inclinado, realize a extensão total do antebraço.

Músculos - Tríceps braquial (extensão do antebraço), ancôneo (extensão do antebraço).

Tríceps unilateral na roldana

Realize a pegada em supinação com o braço ao lado do corpo. Com o cotovelo flexionado inspire e em apnéia realize a extensão do cotovelo mantendo sempre o braço

ao lado do corpo, após a fase mais difícil, realize a expiração, volte à posição inicial, inspirando.

Cuidados - Realize a extensão total do antebraço.

Músculos - Tríceps braquial (extensão do antebraço), ancôneo (extensão do antebraço).

Tríceps testa

Deitado em um banco plano ou no chão, segure a barra fazendo uma pegada fechada, podendo ser utilizada a barra 0 ou a W. Mantenha a barra em cima da cabeça com o antebraço e os ombros flexionados, depois realize a flexão do antebraço levando a barra em direção à testa, realize a inspiração neste momento do exercício, depois volte à posição inicial expirando.

Cuidados - Não abrir muito os antebraços e procurar deixar sempre os mesmos 90° ou mais.

Músculos - Tríceps braquial (extensão do antebraço), ancôneo (extensão do antebraço).

Tríceps unilateral (Coice)

Deixe o tronco flexionado, apóie uma das mãos no joelho do mesmo lado, segure o halteres com a outra mão, faça uma extensão do braço e deixe-o do lado do corpo, mantenha o antebraço e o joelhos flexionados, realize uma inspiração e depois faça pequena apnéia, realize a extensão do antebraço que está segurando o halteres juntamente com a expiração. Volte à posição inicial inspirando.

Cuidados - Mantenha sempre uma posição confortável para a coluna.

Músculos - Tríceps braquial (extensão do antebraço), ancôneo (extensão do antebraço).

Punho

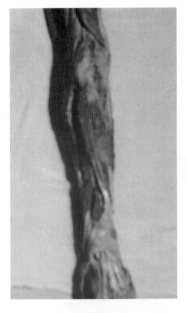

Os exercícios destinados a esta região englobam alguns músculos como:

- Flexor radial do carpo - Origem no epicôndilo medial do úmero, insere-se na base do segundo metacarpiano anterior, suas ações são flexão do punho, abdução do punho.
- Palmar longo - Origem no epicôndilo medial do úmero, insere-se na aponeurose palmar do segundo ao quinto metacarpianos, sua ação é a flexão do punho.

- Flexor ulnar do carpo - Origem no epicôndilo medial do úmero, face posterior da ulna e proximal, insere-se na base do quinto metacarpiano, pisiforme e hamato, suas ações são: flexão do punho e adução do punho.
- Flexor superficial dos dedos – Origem no epicôndilo medial do úmero, cabeça ulnar processo coronóide medial cabeça radial na área da tuberosidade radial e distalmente no rádio anterior, inserção cada tendão divide-se nos lados da falange média dos quatro dedos exceto o polegar, suas ações são: flexão dos dedos, flexão do punho.
- Flexor profundo dos dedos – Origem a três quartos proximais da ulna anterior e medial, inserindo-se na base das falanges distais dos quatro dedos exceto o polegar, suas ações são: flexão dos quatro dedos e flexão do punho.
- Flexor longo do polegar – Origem na superfície anterior média do rádio, inserção na base da falange distal do polegar, suas ações são: flexão do polegar e flexão do punho.

Rosca punho

Apóie os antebraços num banco, segure a barra com uma pegada em supinação um pouco mais fechada que a largura dos ombros (posição de conforto), mantenha os punhos retos, realize a extensão dos punhos, depois faça a flexão total dos mesmos. A respiração pode ser à vontade.

Cuidados - Na extensão total para não deixar cair a barra.

Músculos - Flexor ulnar do carpo (flexão do punho), flexor radial do carpo (flexão do punho), palmar longo (flexão do punho).

Capítulo 5
Musculação Feminina

Musculação e a mulher

Sempre que pensamos em exercícios femininos, pensamos em coxa, abdome e glúteos, mas a mulher não se resume apenas a estas três partes, não podemos também esquecer da parte mecânica hormonal, fisiológica e psicológica da mulher.

Uma das primeiras diferenças da mulher para o homem são as partes mecânicas e hormonais. A quantidade de testosterona produzida pela mulher é muito reduzida, o que não permite um grau de hipertrofia muito grande, e sua definição muscular também é menor devido à quantidade de estrógeno, que tende a uma retenção hídrica.

A mulher possui um percentual de gordura maior que o homem, e ainda tem características ginóides (acúmulo de gordura abaixo da cintura).

Na parte psicológica, a mulher possui uma agressividade menor que o homem (devido à pouca quantidade de testosterona). É por isto que as mulheres não desafiam os pesos. Ela também tem um temperamento mais dinâmico, um dos motivos para que os treinos femininos devam ser o mais variado possível.

Seios

A estética destes une três pontos – genética, nutrição e exercícios:
- a mulher tende a acumular gordura na região dos seios;
- treinamento não influencia de maneira direta a estética dos seios, porém, o fortalecimento e a hipertrofia do músculo peitoral maior, além de outros músculos que influenciam a postura, podem melhorar a forma e a posição dos seios;
- Os exercícios que trabalham as fibras claviculares do peitoral são os mais recomendados, mas não deixando de lado os exercícios que trabalham a parte esternal do peitoral: supino inclinado, voador, crucifixo etc.

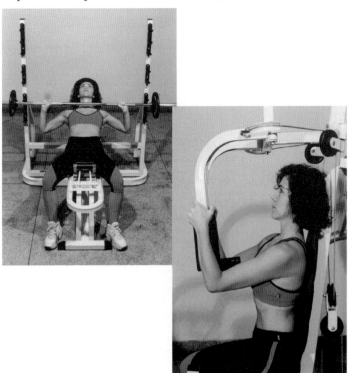

Capítulo 5 – Musculação Feminina

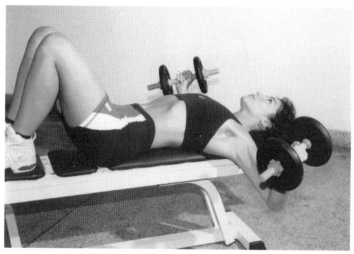

Não podemos esquecer que os seios têm um peso que altera o centro de gravidade da mulher na parte superior anterior do seu corpo, no qual tem de haver uma compensação pela parte superior posterior. Este trabalho de compensação deverá se dar com exercícios que trabalhem os músculos como redondo maior e redondo menor, supra-espinal, infra-espinal, trapézio parte transversa e rombóides.

Ensinando Musculação - Exercícios Resistidos

Tríceps braquial

É o maior músculo do braço e geralmente na mulher tende a apresentar certa hipotonia, além de um acúmulo de gordura localizada, unido ao medo de ficar com os braços muito "fortes".

O ideal é trabalhar o tríceps braquial tanto realizando a extensão do antebraço, como a extensão do braço. Para trabalhar a porção longa do tríceps, os exercícios mais indicados são tríceps na roldana, tríceps testa e tríceps coice. Unidos aos exercícios de costa que realizam a extensão do braço, exemplo: remada, remada unilateral, puxada fechada na roldana.

Glúteos

As mulheres, como já foi dito, tende a ter um acúmulo maior de gordura abaixo da cintura. Um dos pontos de grande acúmulo de gordura são os glúteos. Estes são os principais extensores de coxas do nosso corpo, são fortes e muito resistentes, o que faz com que tenhamos que trabalhar com uma sobrecarga grande, o que não é tradicional nas mulheres.

Os exercícios mais indicados são avanço, agachamento, extensão e abdução da coxa e adução da coxa por trás.

Avanço

CAPÍTULO 5 – Musculação Feminina

Avanço consiste em dar um passo à frente ou para trás podendo ser utilizado o pé anterior em suspensão ou o posterior em suspensão e descer o joelho posterior até próximo ao chão (90°), depois retornar à posição inicial. Os cuidados são não ultrapassar o joelho da perna anterior pela ponta do pé e manter a coluna reta.

Músculos - glúteo máximo (extensão da coxa) semitendíneo (extensão da coxa), semimembranáceo (extensão da coxa), bíceps da coxa (extensão da coxa), adutor magno parte posterior (extensão da coxa), glúteo médio (extensão da coxa), quadríceps (extensão da perna).

Agachamento

Ver páginas 52 e 53.

Extensão da coxa

Consiste em ficar em 4 apoios, com os cotovelos apoiados no chão e executar a extensão da coxa.

Cuidados devem ser tomados para não exagerar demais na extensão, para não forçar a coluna.

Músculos - glúteo máximo (extensão da coxa) semitendíneo (extensão da coxa), semimembranáceo (extensão da coxa), bíceps da coxa (extensão da coxa), adutor magno parte posterior (extensão da coxa), glúteo médio (extensão da coxa).

Abdução da coxa

Este exercício é feito através da abdução da coxa, pode ser feito com tornozeleira, no pulley baixo ou até com o peso do próprio corpo. Cuidados devem ser tomados para não girar a pelve, para que não se realize um misto de extensão com abdução ou flexão com abdução.

Capítulo 5 – Musculação Feminina

Músculos - glúteo médio (abdução da coxa), glúteo mínimo (abdução da coxa), glúteo máximo (abdução da coxa) quando a coxa está flexionada, sartório (abdução da coxa), tensor da fascia lata (abdução da coxa).

Adução da coxa

Idem da abdução, só que realizando a adução.

Músculos - glúteo máximo (fibras inferiores), pectíneo, adutor curto, adutor longo, adutor magno e grácil (todos na adução da coxa), iliopsoas (adução da coxa).

Abdome

É um músculo fundamental para o equilíbrio e postura da coluna vertebral. As mulheres e os homens que têm uma musculatura abdominal muito fraca, podem ter a mesma pressionada pelas vísceras, ou, no mais comum dos casos, por ter um acúmulo de gordura muito grande na região. Este músculo também é muito utilizado no nosso dia-a-dia, é um músculo muito resistente.

Quando realizamos exercícios abdominais quase sempre estamos trabalhando muito um músculo chamado Ilíaco que tem sua origem no 2/3 superior da superfície da fossa ilíaca e sacro, e o psoas maior, que tem a sua origem no processo transverso e corpo das vértebras torácicas 12 e lombares 1 a 5. A inserção dos dois músculos é no trocanter menor do fêmur, é por isto que eles recebem o nome de Ílio-psoas. Sua ação é flexionar o quadril, mas quando o fêmur está fixo a ação combinada dos dois músculos em ambos os lados eleva o tronco e flexiona a pelve sobre o fêmur. Isso faz com que ele anule um pouco o trabalho do abdome e dos oblíquos que têm como função flexionar o tronco.

Para intensificarmos o trabalho do abdome, temos que tentar anular o Ílio-psoas:

Capítulo 5 – Musculação Feminina

1 - Se colocarmos uma sobrecarga nos pés (halteres), mantermos a coxa em 90° e realizarmos a flexão do tronco à frente, estaremos trabalhando o ílio-psoas em isometria. Intensificando, assim, muito mais, o músculo abdome.

2 - O mesmo acontecerá com menor intensidade, se elevarmos as pernas.

3 - Podemos utilizar uma sobrecarga no peito e realizar as flexões do tronco à frente. Assim, o trabalho tem uma intensidade maior, trabalhando muito o ílio-psoas e o reto abdominal.

4 - Ao invés da sobrecarga no peito, podemos utilizar nos braços tornozeleiras. É mais confortável para as mulheres, mas a sobrecarga é menor.

5 - Outra variável é a união do primeiro exemplo com o quarto. Assim teremos um trabalho isométrico no íliopsoas e uma sobrecarga ainda maior no abdome.

Todas estas variáveis só são aconselhadas para pessoas que já possuem um tempo de treino razoável (2 a 3 meses) e que não possuam problemas de coluna. Desta maneira é indicado intervalar também os exercícios de abdominais tradicionais.

Menstruação

A mulher tem um ciclo de treinamento não constante devido à menstruação. Existem fases ideais para um trabalho mais forte. Veja um exemplo para um ciclo de 28 dias:
1 - fase da menstruação - depende da mulher. Esta pode ter um desempenho maior ou menor, porém o desempenho é reduzido no 2º dia (1º ao 4º dias);
2 - fase de alto rendimento - desempenho ideal (5º ao 12º dias);

3 - fase de médio rendimento - desempenho normal (13º ao 21º dias);

4 - fase de baixo rendimento - desempenho reduzido (22º ao 28º dias).

Mecânico

A mulher possui ombros menores, quadris maiores e seios que alteram quase todos os sistemas de alavancas e postural da mulher.

Celulite

São várias as razões do aparecimento da celulite:

Tóxicas (cigarro, álcool, cafeína etc.), endócrinas (paratireóides, tireóides, ovários), metabólicas, circulatórias, alérgicas, excessos de alimentos (açúcar, gordura e sal), anticoncepcionais, problemas intestinais, diabetes, roupas apertadas, stress etc.

Refere-se a uma simples alteração do tecido gorduroso manifestando-se principalmente nas seguintes regiões: coxas, nádegas e quadris, perturbando a morfologia normal das mulheres e não a um processo patológico específico. Vemos que existe uma idéia errada, para que possam ser comercializadas máquinas e produtos, cosméticos e outros recursos, que prometem a redução e até mesmo eliminação deste mal estético.

Ela está dividida em 3 graus:

- 1º Grau: somente percebida com a contração muscular ou compressão do tecido entre os dedos;

Capítulo 5 – Musculação Feminina

- 2º Grau: se tornam visíveis quando em posição deitada ou sentada, sujeita a uma leve compressão do tecido. Neste caso, já existe alterações da sensibilidade;
- 3º Grau: neste caso, a sensibilidade à dor é maior e as fibras do conjuntivo estão muito danificadas. A celulite pode ser observada em qualquer posição, sem nenhum tipo de compressão e assemelha-se a uma casca de laranja.
- Ideais - ajudar o sistema venoso e linfático a se livrarem das toxinas.

Varizes

Chamamos de varizes as veias que perdem definitivamente suas eficiências valvulares, ou seja, suas válvulas se tornam permanentemente incompetentes e não mais impedem o refluxo sangüíneo.

As varizes podem ser por fraqueza da parede, insuficiência valvular, hipertensão venosa. É desaconselhável permanecer muito tempo em pé, assim como esforços prolongados nesta posição. Terá uma probabilidade maior de ter varizes pessoas com tendências genéticas, quem tem uma profissão que se trabalhe em uma posição antifisiológica, grávidas com problemas hormonais, obesidade causada pela exacerbação do tecido adiposo e inativos fisicamente.

Exercícios Resistidos - devem proporcionar contrações musculares nas áreas afetadas, com baixa intensidade e em posições que facilitem o retorno venoso.

Capítulo 6
Treinamento HIIT

Hoje em dia vem ganhando muita força nas academias o treinamento intervalado de alta intensidade que é chamado de HIIT (High intense interval training) , muitos vem considerando isto uma novidade, mas treinos curtos intensos e intervalados constam relatos que eles são utilizado desde 140 DC pelo Flavius Philostratus, Lauri Pihkalla em 1912 ficou sendo considerado o "pai" do treinamento intervalado, fixou o treinamento na década de 50 com corredor Zatopeck que utilizava a estrutura do metodológo Toni Netti cria em 1940, hoje varias pesquisas vem surgindo e varias vertentes vem se destacando como no caso do professor japonês Izumi Tabata. Porem poucos estudos ainda vem se direcionando para o trabalho com HIIT na musculação .

Para entendermos o HIIT precisamos analisar três variáveis do treinamento que são fundamentais para execução correta são elas :

Volume – aspecto quantitativo do treinamento, tudo que esta relacionado a quantidade , ex. numero de repetições, numero de séries, peso utilizado e tempo de treino.

Intensidade – aspecto qualitativo do treinamento tudo que esta relacionado a qualidade , ex. porcentagem de carga utilizado.

Densidade – Refere-se a frequência de treinamento e ao tempo de recuperação tanto em séries com sessões, quanto maior a pausa menor a intensidade(Bossi2014).

O HIIT consiste em realizar esforços de alta intensidade e curta duração intercalados com períodos de recuperação. As pesquisas vem demonstrando intervalos desde intervalos ativos de 20 a 30 segundos (Bossi 2014A) até 7:30 O tempo de execução tem desde 4 minutos utilizado pelo Izumi Tabata, até os de 30 minutos Martin Gibala, ou mais. Existem varias vantagens no treinamento do HIIT, uma delas é utilizar os benefícios do efeito EPOC. EPOC (Excess post exercise oxygen consumption , consumo excessivo de oxigênio após o exercício). Trabalho do GH, quando você treina intenso, o corpo pode demorar várias horas para voltar ao seu estado normal. Durante esse tempo o metabolismo continua acelerado e, com isso, mais calorias são gastas durante o resto do seu dia. Um estudo de pesquisadores da East Tennessee State University, em 2001, mencionou que indivíduos que seguiram o programa HIIT queimaram 100 calorias a mais nas 24 horas após o treino.

Quando falamos de intenso , temos que lembrar da individualidade biológica de cada um, o que é intenso para um individuo pode não ser para o outro e vice e versa , as evidencias do HIIT demonstram que não existem comprovação que os exercícios de alta intensidade aumentem o risco de lesão; já sendo aplicados em cardiopatas, diabéticos e sedentários, a economia de tempo e gasto calórico são fatores que vem trazendo tantos estudiosos a pesquisarem o HIIT, e talvez o ponto mais importante é ter conhecimento teórico e prático quando for aplicar.

Analises fisiológicas sua relação a fixação de indicadores de treinos como o VO2 Máx e Frequência

Cardíaca(FC), muitos fisiologistas utilizam o VO2 para controle de treinamento, pregando que ele seria mais fidedignos que a frequência cardíaca , por esta sofrer muitas interferências externas , porem se esquecem que a utilização referencial do dia a dia de treinamento o VO2 é feito através da frequência cardíaca , o que leva ao "discurso" a uma total incoerência , o VO2 é uma variável de treino assim como FC, força, flexibilidade , velocidade entre outras. Já a FC varias pesquisas vem demonstrando que não existe um método aceitável para estimar a FCmáx. , um erro de precisão aceitável para FCmáx para aplicação a estimativa do VO 2 max é < $\pm$ 3 b / min. Se esta precisão não é possível, então não existe nenhum justificação para a utilização de métodos de VO 2 max estimativa que dependem de fórmulas de prescrição da FCmáx. Exemplo uma pessoa com um FCmáx de 200 bat / min, o erro é igual a $\pm$ 1,5%. Devemos ser mais críticos quando utilizamos formulas como FCmáx = 220-idade entre outras , precisamos ter analises alternativas para enfatizar modelos de especificidade da FCmáx (.Tanaka 2001..)

Já pesquisas realizadas correlacionando a recuperação e a capacidade neuro muscular Lopes , Aoki at all mostra que o intervalo de recuperação de 24 horas foi suficiente para a recuperação da capacidade neuromuscular máxima (força, velocidade e potência) de forma significativa, isto quer dizer que para pessoas treinadas podem treinar dias seguidos o mesmo grupo muscular não interfere no desempenho neuromuscular, porem a dor tardia pode ser uma boa referência para a utilização ou não do método, o numero de repetições vem demonstrando ser um importante variável pesquisa realizada por Vicente F. (2014) demonstra que com

ENSINANDO MUSCULAÇÃO – Exercícios Resistidos

realização de 10 repetições foi onde os indivíduos treinados conseguiram a melhor estimulo neuromuscular em membros superiores , a pesquisa utilizou o equipamento Jump Arm by Bossi.

Analisados o intervalo de recuperação muscular , o intervalo entre a séries é uma das maneiras de determinarmos o aumento da intensidade do treino , pesquisa realizada por(Mazzer 2014) comparou a utilização de 90 segundos de intervalo com 60 segundos de intervalo na musculação e percebeu que 60 segundos obteve um aumento de 23% da massa muscular e uma redução da massa gorda de cerca de 15% com relação ao outro grupo 90 segundos , com intervalos menores 90 segundos comparados com 30 segundos a redução da massa gorda foi de 7,6% para o grupo 30 segundos (Sturaro 2014) e 90 segundos comparando com 20 segundos de intervalo a redução da massa gorda foi de 5,5% para o grupo de 20 segundos (Bertolucci 2014). Hazell (2010) utiliza vários protocolos analisando a potencia anaeróbia e demostra melhores resultados para em 30 segundos, protocolo de 30 segundo por 4minutos de intervalo obteve um aumento de 12,1% na potência anaeróbia, protocolo de 10 segundos por 4 minutos intervalo - Aumento de 6,5% na potência anaeróbia, protocolo 10 segundos por 2 minutos de intervalo - Aumento de 4,2% na potência anaeróbia. Mesmo assim devemos ser cauteloso com relação a intensidade e cargas utilizadas os praticantes da modalidade Cross Fit vem sofrendo com esta não adequação, 16% indivíduos não completaram o programa de treinamento devido lesões O HIIT vem se destacando também pela sua capacidade de melhor no sistema cardiovascular , pesquisas realizado por jogadores de futebol por 5 semana e meia demostra que o HIIT conseguiu resultados similares quando comparados com trabalhos mais longos e contínuos porem utilizando apenas 70% do tempo

Pesquisa de Buchheit (2013) demostra uma melhor de 23% no VO2 Máx e que outros aspectos importantes de programação HIT , como a energia anaeróbia glicolítica a contribuição a carga neuromuscular e músculo-esquelético , resultados de Hazell at all demostra melhoras na capacidade aeróbia e aumento da velocidade de 5 km também são notado em tiros curtos de 30 segundo por 4minutos de intervalo notou-se um aumento de 9,3% na potência aeróbia máxima, e obtiveram uma diminuição de 5,2% no tempo na <u>corrida</u> de 5km; tiros de 10 segundos por 4 minutos de intervalo aumento de 9,2 na potência aeróbia máxima e uma redução de 3,5% em relação ao tempo na corrida de 5km; tiros de 10 segundos por 2 minutos de intervalo aumento de 3,8% na potência aeróbia máxima a diminuição de 3,0% em relação ao tempo na corrida de 5km

O HIIT também vem demonstrando um alto gasto calórico e perda de gordura subcutânea e abdominal(Boutcher 2011) isto ainda vem se fortalecendo devido a maioria das pesquisas para redução de gordura direcionam para exercícios prolongados e cíclicos, estes tipos de treino necessitam de uma duração muito grande e levam a perda de peso insignificante (K. Shaw 2006, T. Wu, 2009)

Whyte 2010 realizou um estudo de 2-semana treinamento intenso intervalado e percebeu aumento receptores â-adrenérgico encontrada no abdominal em relação à gordura subcutânea, Rebu (1989)muito antes já sugeria que o treinamento intervalado intenso reduz a gordura abdominal. Pesquisa mostra que é possível que o treinamento traga uma redução de gordura maior em pessoas com sobrepeso ou obesos.(Teixeira 2004)

O HIIT ainda é indicado para grupos especiais, pesquisa realizada por Greeley (2013) demonstra que o treinamento intenso pode ajudar a reduzir os fatores de risco associada à síndrome metabólica que é denominada quando três dos cinco critérios são apresentados por um indivíduo:Obesidade central – (circunferência da cintura superior a 88 cm na mulher e 102 cm no homem), hipertensão arterial (pressão arterial sistólica 130 e/ou pressão arterial diatólica 85 mmHg), glicemia alterada (glicemia 110 mg/dl ou diagnóstico de diabetes),triglicerídeos (150 mg/dl;HDL colesterol 40 mg/dl em homens e 50 mg/dl em mulheres). Melhorar a função cardiovascular, e a capacidade de otimizar e atender as atividade diária, alem de garantir a segurança e adaptações positivas, profissionais deve sempre usar um apropriado progressão na implementação de qualquer novo protocolo de treinamento para os exercícios Little (2011) Duas semanas de baixo volume HIT, envolvendo apenas 30 min de exercício vigoroso melhorou a capacidade mitocondrial em indivíduos com diabetes tipo 2, os achados indicam que baixo volume HIT pode representa uma estratégia de exercício eficiente para o tratamento de diabetes tipo 2.

Efeitos benéficos para o coração, bem como para todo o corpo. Isso ocorre em parte porque o treinamento intenso melhora a capacidade de trabalho do músculo esquelético e reduz a resistência, aumentando assim a circulação periférica. Os estudos mais recentes em pacientes com doença cardíaca estabelecida sugerem que uma alta relativa na intensidade do treinamento físico melhora a capacidade da bomba intrínseca do miocárdio, um efeito não acreditava anteriormente para ocorrer com o treinamento. (Shiraev , Blarclay 2012)

Gibala (2006)Coloca de maneira categórica os estimulos e mudanças rápidas, adaptações induzidas pelo menor intensidade ocorrer mais lentamente e os resultados sugerem que o treinamento intenso intervalado é de fato uma estratégia eficiente em termos de tempo para induzir adaptações muscular e desempenho comparáveis aos tradicionais treinamentos de resistência , e isto traz um leque para que o mesmo seja utilizado na musculação e deve ser encaixado ma periodização que veremos a seguir

- Bossi L.C, Periodização na musculação , Phorte SP 2014
- Bossi L.C, Treinamento funcional para mulheres , Phorte SP 2014A

Lopes, Charles Ricardo; Crisp, Alex Harley; Sindorf, Marcio Antonio Gonsalves ; Germano, Moises Diego; Lutgens, Luís Guilherme; Nardin, Camila Amorim; Mota, Gustavo Ribeiro; Aoki, Marcelo Saldanha; Verlengia ,Rozangela; Efeito do intervalo entre sessões de exercício de força sobre o desempenho neuromuscular; Rev Bras Med Esporte vol.20 no.5 São Paulo Sept./Oct. 2014

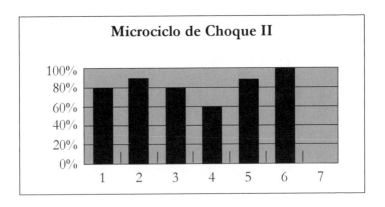

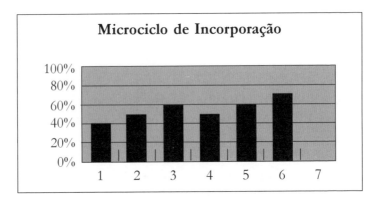

(Dantas 1998)

Mesociclo - são as atividades de cada mês (ou mais), será a somatória de microciclos, que vamos usar como estratégia para adquirir o estímulo necessário para o final da temporada (trimestre, semestre, ano...). Veja alguns tipos de mesociclos mais utilizados.

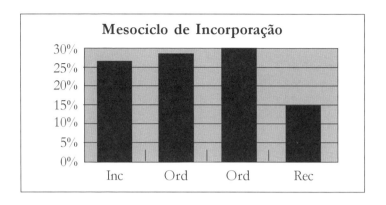

Mesociclo de Incorporação

É utilizado no início do treinamento, para que o atleta possa se adaptar ao treinamento e conseguir recrutar o máximo possível de unidades motoras no exercício.

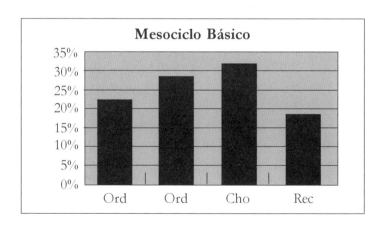

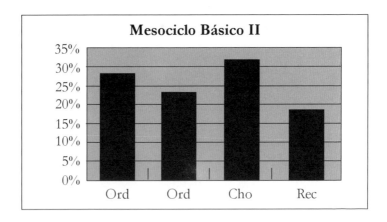

Mesociclo Básico

É empregado para que o aluno possa se adaptar às cargas de trabalho, para atingir uma hipertrofia maior.

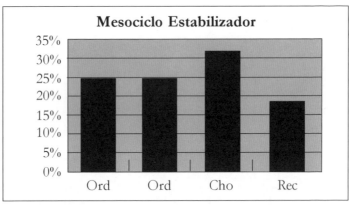

(Dantas 1998)

Mesociclo Estabilizador

É indicado para estabilizar as adaptações orgânicas.

Macrociclo

São as atividades de cada temporada, é a somatória de mesociclos.

Existem várias maneiras de montar os microciclos, mesociclos e macrociclos. Os autores mais indicados para estudos são Matvéiv, Verjoshansk e Dantas.

Calculando:

Com os ideais do cliente temos os números de repetições, ex. 6 a 12 reps, e a carga a ser trabalhada, ex. 70% a 85%. No caso da força dinâmica e dentro dos microciclos teremos sempre uma porcentagem de trabalho, ex. 70%. A relação entre as duas variáveis teremos que calcular.

Nesta fase, iniciaremos realizando um teste de carga máxima (este teste tem como objetivo, determinar o peso de treinamento, a partir de um percentual referente ao peso máximo. Este peso é o limite que o avaliado consegue deslocar em um movimento único e completo), e teremos a carga máxima dele, ex.: supino 120 kg.

Após feito o teste de carga, temos que ver o número de repetições que iremos trabalhar, ex. dinâmica de 6 a 12 reps. Agora temos que calcular a quantidade de trabalho da sessão de treino, ex.: 70%.

Vamos utilizar de 6 a 12 repetições e a carga 70% a 85%.

Primeiro realizaremos os cálculos das repetições, vamos iniciar fazendo uma média

(Rep. Max. - Rep. Min.) = 12 - 6 = 6.

Já sei que 6 é a variável, agora realize uma regra de 3 para a carga de trabalho do dia, onde V= variável e x = trabalho do dia.

ENSINANDO MUSCULAÇÃO – Exercícios Resistidos

$$\frac{(V = 100\%)}{(x = 70\ \%)} = \frac{(6 = 100)}{(x = 70)} = 4,2$$

A este resultado acrescento o limite inferior (4,2 + 6 = 10,2 +/- 10) e então sei que o número de repetições que tenho que trabalhar é de 10 reps. para 70% do trabalho do dia.

Agora vamos para o cálculo da carga, vamos primeiro fazer a média:

(C. Max. - C. Min.) (85 - 70 = 15).

Faço a regra de 3, V= variável, x = trabalho do dia:

$$\frac{(V = 100\%)}{(x = 70\ \%)} = \frac{(15 = 100)}{(x = 70)} = 10,5$$

A este resultado acrescento o limite inferior:
(10,5 + 70 = 80,5).

E sei que a carga é de 80,5% da carga máxima, se a carga máxima dele no supino foi de 120 kg.

(120 x 80,5%) = 96 kg, já sei qual carga que ele utilizará para 70% do trabalho do dia:

Supino com 96 kg para 10 repetições.

Considerando que em cada repetição ele levanta 96 kg para cada série, ele levantará 960 kg em 3 séries – 2880 kg.

Veja como realizar o cálculo de treino.

Exemplo de cálculo de treino:

Soma-se todos as cargas utilizadas durante o treino, ex.:

Supino   96 kg 3 x 10 = 2880
Supino inclinado   84 kg 3 x 10 = 2520

Voador   65 kg 3 x 10 = 1950
Tríceps roldana 41 kg 3 x 10 = 1230
Tríceps testa   38 kg 3 x 10 = 1140
                                9720

Sei que no dia ele levantou 9720 kg. O total da sessão de treino deve ser somado com as outras sessões de treinos, tendo o total do microciclo que virá no total do mesociclo.

Em cada mesociclo, haverá uma diferença de cargas de trabalho entre os microciclos (para poder enfatizar mais o treino). Vamos supor que em um mesociclo básico, o aluno levantou 125 toneladas, isto quer dizer que ele deveria ter levantado 27,5 ton. (22% Ordinário) na primeira semana, 35 ton. (28% Ordinário) na segunda semana, 40 ton. (32% Choque) na terceira semana e 22,5 ton. (18% Recuperação) na quarta semana.

Desta maneira, a chance de erro é maior. Se você tiver uma variável desta porcentagem em mais de dois porcento em uma das semanas, ocorreu um erro de treinamento no qual sobrecarregou um micro e facilitou outro. Isso fará você não atingir o melhor da performance. O melhor a fazer é repetir o mesociclo. Mas se você realizou os testes máximos com exatidão, os cálculos podem ser feitos da seguinte maneira:

Realiza-se o primeiro microciclo (22% Ordinário) e verifica-se que o aluno levantou 27,5 ton. A partir destes dados pode dizer que:

$$\frac{27,5 = 22}{x = 100} = 125 \text{ ton.}$$

Descobrimos a carga total do mesociclo, agora você realiza os cálculos para as semanas seguintes:

ENSINANDO MUSCULAÇÃO – Exercícios Resistidos

$$\frac{125 = 100}{x = 28} = 35 \text{ ton.}$$

Carga a ser trabalhada no microciclo ordinário II de 28% é de 35 ton.

Para a semana seguinte:

$$\frac{125 = 100}{x = 32} = 40 \text{ ton.}$$

Carga a ser trabalhada no microciclo de choque de 32% é de 40 ton.

Para a semana seguinte:

$$\frac{125 = 100}{x = 18} = 22{,}5 \text{ ton.}$$

Carga a ser trabalhada no microciclo de recuperação de 18% é de 22,5 ton.

A partir destes cálculos, você poderá montar o macrociclo visando uma temporada, visando um grupo muscular ou um condicionamento muscular geral. Pode-se calcular o aumento de cargas dando ênfase em um grupo muscular ou de acordo com os métodos utilizados.

Agora já chega de ficar repetindo séries para o resto da vida, e chega de ficar "empacado" com cargas. Se você calcular o treinamento e utilizar os vários tipos de métodos, será um profissional de primeiríssima linha com resultados extraordinários.

Referências Bibliográficas

A. C. S. M. *Teste de esforço e prescrição de atividade*. Revinter, Rio de Janeiro, 1996.

ARAÚJO, N. P. *Musculação aplicada à ginastica localizada*. Vol. 1, N. P., Rio de Janeiro, 1996.

ARAÚJO, N. P. *Musculação aplicada à ginastica localizada*. Vol. 2, N. P., Rio de Janeiro, 1996.

BADILLO, J. J. G. AYESTARÁN, E. G. *Fundamentos do treinamento de força – aplicação ao alto rendimento*. 2ª ed., Artmed, Porto Alegre, 2001.

BOMPA, T. *Periodização: teoria e metodologia do treinamento*, Phorte, São Paulo, 2002.

BOSCO, C. *A força muscular*. Phorte, São Paulo, 2007.

BOSSI, L. C. *Musculação para o basquetebol*. Sprint, Rio de Janeiro, 2005.

BOSSI, L. C. *Musculação para o voleibol*. Phorte, São Paulo, 2007.

BOSSI, L. C. *Periodização na musculação* Phorte, São Paulo, 2014.

BOSSI L.C, *Treinamento funcional para mulheres*, Phorte SP 2014A

LOPES, Charles Ricardo; Crisp, Alex Harley; Sindorf, Marcio Antonio Gonsalves ; Germano, Moises Diego; Lutgens, Luís Guilherme; Nardin, Camila Amorim; Mota, Gustavo Ribeiro; Aoki, Marcelo Saldanha; Verlengia, Rozangela; Efeito do intervalo entre sessões de exercício de força sobre o desempenho neuromuscular; Rev Bras Med. Esporte vol.20 nº.5 São Paulo Sept./Oct. 2014

CHARRO, M.; MARCHATTI, P.; CALHEIROS, R. *Biomecânica aplicada*. Phorte, São Paulo, 2007.

COSSENZA, C. E. *Musculação – Métodos e sistemas*. Sprint, Rio de Janeiro, 1995.

COSSENZA, C. E. R.; CARNAVAL, P. E. R. *Musculação – Teoria e prática,* 21ª ed., Sprint, Rio de Janeiro, 1985.

CUTTER, N. C.; KEVORKIAN, C. G. *Provas funcionais musculares*. Manole, São Paulo, 2000.

DANTAS, E. H. M. *A prática da preparação física*. Shape, Rio de Janeiro, 1998.

FCAT. *Terminologia anatômica internacional*. 2ª ed., Manole, São Paulo, 2002.

FLECK, S. J.; KRAMER, W. J. *Fundamentos do treinamento de força muscular*. 2ª ed., Artmed, Porto Alegre, 1999.

FORTEZA, A. R. *Entreinamento deportivo, ciencia e innovacion tecnologica*. Editorial Científico-Tecnico, Havana, 2001.

FORTEZA, A.; FARTO, E. R. *Treinamento desportivo do ortodoxo ao contemporâneo*. Phorte, São Paulo, 2007.

GOMES, A . C.; ARAÚJO, N. P. *Cross training*. Cid, Rio de Janeiro, 1995.

GUEDES, D. P. *Personal training na musculação*. NP, Rio de Janeiro, 1997.

LEHNINGER, A. L. *Bioquímica*, 3ª edição, São Paulo, Edgar Blucher Ltda., 1982.

MATVÉEV, L. *Preparação desportiva*. FMU, São Paulo, 1986.

MCARDLE, W. D.; KATCH, F. I.; KATCH, V. L. *Fisiologia do exercício*. Guanabara Koogan, Rio de Janeiro, 1988.

POLLOCK, M. L.; WILMORE, J. H. *Exercícios na saúde e na doença*. MEDSI, Rio de Janeiro, 1993.

RODRIGUES, C. E. C. *Musculação na academia*. 2ª ed., Sprint, Rio de Janeiro, 1990.

ROMÁN, I. S. *Fuerza entreinamiento zona 3*, Editora Cientifica-Tecnica, Havana, 2001.

THOMPSON, C. W.; FLOYD, R. T. *Manual de cinesiologia estrutural.* Manole, São Paulo, 1999.

UCHIDA, M. C.; CHARRO, M. A.; BACURAU, R. F. P.; NAVARRO, F.; PONTES JR, F. L. *Manual de musculação.* 4ª ed., Phorte, São Paulo, 2006.

VERKHOSHANSKI, I. V.; OLIVEIRA, P. R. *Preparação de força especial.* Grupo Palestra Sport, Rio de Janeiro, 1995.

VERKHOSHANSKI, I. V. *Força.* Cid, 1996.

YESSIS, M. *Kinesiology of exercise.* Master Press Book Indianápolis, USA, 1992.

ZATSIORSKY, V. - *Ciência e prática do treinamento de força.* Phorte, São Paulo, 1999.

Conheça mais sobre o nosso catálogo em **www.iconeeditora.com.br**

TREINAMENTO DE MUSCULAÇÃO PARA A NATAÇÃO: DO TRADICIONAL AO FUNCIONAL

Rodrigo Luiz da Silva Gianoni

120 páginas

MÉTODOS DE TREINAMENTO EM MUSCULAÇÃO – 2ª edição

Prof. Fabiano Guedes Vieira

168 páginas

TREINAMENTO DE FORÇA PARA ESPORTES DE COMBATE

Franklin Magalhães

248 páginas